子どもの自律的な学習力を育む

奈良女の体育

阪本一英

東洋館出版社

はじめに

　子どもの学びのすじ道に寄り添い、その子ならではの追究を進めさせてやりたい。そんな思いを大切に、体育実践を模索し続けてきました。そんな中で、次のような挑戦に向かった子どもがいます。

「ぼくは、頭跳ね跳びで半回転ひねりに挑戦しようと思っています」

　様々な子どものすじ道に寄り添って、その学びを支えようと実践してきましたが、流石に半回転ひねるなんて無理だろうと思いました。だから、本当にこの子が「頭跳ね跳び半回転ひねり」を完成させたのを目の当たりにした時、心底驚いたことは言うまでもなく、改めて「子どもって凄い」と尊敬の念を禁じえませんでした。

　教師の中の常識に縛られず、子どものすじ道に寄り添うことで気づかせる学びは、こうした「凄い」と思える挑戦だけにとどまりません。だからこそ、子どもたちの様々な挑戦を支える学習をつくろうと取り組んできました。一人ひとりの子どもが、本気になって自分の追究に向かう体育学習。教師のすじ道に子どもを合わせるのでなく、一人ひとりの子どものすじ道を一緒につくり出していく体育学習。時に、「この子の学びは這い回っていないか？」と思い悩み、全ての子どもの全ての学びに目が届かないことに不安も感じながら実践を続けてきました。そして、だからこそ、子どもたちが追究の心を膨らませ、自分で自分の学びを進める体育学習をどう実現していくのか、試行錯誤を続けてきました。

　本書は、こうした子どもの自律的な学習力を育むことに向けた体育実践の取り組みや考え方を、少しでもお伝えできればと願い執筆しました。本書を手に取っていただいた方が、体育の学びを通して子どもに育まれる力を見つめ直す契機にしていただくことができればと願っています。

1

目　次

第**3**章 子どもの生活と学習を ひとつにする 奈良女附小の学習

第**4**章 子どもの 自律的な学習能力を育む 運動ランド

第 **1** 章

～

体育で
本当に育みたい
資質・能力とは

1 生涯にわたって運動に親しむ
資質・能力は育まれているのか？

　学校体育の最も大きな目標のひとつに、「生涯にわたって運動に親しむ資質・能力を育むこと」があります。新学習指導要領の文言では「豊かなスポーツライフを実現するための資質・能力」となっています。その意図はわかる気がするのですが、小学校の間からスポーツの下請け教育を迫られているようで、あまり好きではありません。バスケットボールやサッカー、ラグビー、体操競技、陸上競技などの基礎力をつけるのが目的になっているように感じてしまうのです。そのように捉えると、スポーツの基礎を教えるという意識が強まり、子どもの豊かな学びを支えるという意識が遠のいてしまうように感じるのです。

　この大きな目標は、これまでの学校体育の取り組みを通して、実現することができているのでしょうか。

　私は、教員を目指す大学生の講義「小学校教科教育法（体育）」を受け持つとき、いつも学生さんたちに「みなさんは、体育が好きですか」と問いかけます。そして、これまでの小学校・中学校・高等学校でどのような体育学習を経験してきたのかという話とともに、どうして体育が好きになったのか（どうして体育が嫌いになったのか）を語り合ってもらうようにしています。すると、学生さんたち自身も気づいていなかった「体育が嫌いになった理由」が見えてくることがあります。

　まず、みんなで話し合っている中で見えてくるのは、体育が嫌いな学生さんたちの中に、体育も運動も嫌いな学生さん、体育は嫌いだけれど

運動は嫌いではない学生さん、中には運動は得意だけれど体育はあまり好きになれなかった学生さんもいるということです。

「体育は嫌いだけれど、運動は嫌いではない」って？

　学生さんたちと話し合っていると、例えば、体育が嫌いだったという学生さんの中に、フィットネスやヨガ教室に通っていたり、ときどきジョギングを楽しんでいたりする学生さんがいることがわかってきます。「体育が嫌いだったんじゃないの？」と問いかけると、「体育は好きじゃなかったけど、フィットネスで体を動かすのは嫌じゃないし…」「自分で体を動かしていると、何か心もすっきりするし気持ちがいい。体育はそうじゃなかったなぁ…」と、自分の経験と重ね合わせながら、体育が嫌いだった理由を考え始めます。「フィットネスやヨガ、ジョギングと学校の体育は何が違うのか」、「運動は嫌いじゃなかったのに、どうして体育が嫌いになったのか」、そういうことを考えていると、学校の体育では「みんなで同じことをしていて、人と比べられることが多かった」とか「みんなに見られて緊張することがあった」。このように話す学生さんが出てきます。中には「逆上がりが最後までできなくって、みんなが『頑張れ』と応援してくれる。そのことがつらかった」と話す学生さんも出てきます。

私が体育嫌いになった理由は…

　そんな話を聞いているうちに、体育嫌いで運動嫌いだった学生さんも、「みんなと同じことをしているうちに、自分は運動が得意ではないのだとよくわかった」と話し出します。そして「いつの間にか、自分は運動

と関係のないところで頑張ればいいと思ってきたし、だから、運動系の
サークルとかには絶対入らないって決めていた」と続けます。周りの学
生さんも「そうそう、私も同じだ」とうなずきます。運動センス抜群で
運動が大得意なのに学校の体育は嫌いだったという学生さんは、「私は、
どんな運動でも他の人より上手にできる方だったけれど、学校の体育で
は、もうできることばかりを何度もやらないといけなかった」とも意見
を続けていきます。

　このような語り合いで、学生さんたち自身が気づいていった体育嫌い
の中身とは、学校の体育では、

　　運動の中身が決められていることが多く、みんなが同じこと
　をできるようになることが求められた。みんなの前で、自分が
　どれぐらいできるようになったのかを見せなければならないこ
　とも多かった。すると、みんなの中で自分がどれぐらいできる
　のか、できないのかがはっきりわかる。もしかすると、本当は
　運動が嫌いじゃなかったかも…。でも、運動は苦手だと思って
　しまった。だから自分は体育が嫌いで、体育以外のところで頑
　張ろうと思うようになった。

　そんな、学生さんのたどってきた道が見えてしまいます。つまり、学
校での体育の経験を通して、**生涯にわたって運動に親しまないと思うよ
うになった**というのです。何という悲しいことでしょう。学校体育が、
生涯にわたって運動に親しまない子どもに育んでしまっているかもしれ
ないのです。そして、何年かこの講義を続けていく中で、このような思
いを語る学生さんが結構な割合でいることもわかってきたのです。

2 学校体育が目指すべきことって何だろう

　熱心な先生ほど、「みんなができるようにさせてあげたい」と強く願っています。だからこそ、その技ができるようになるために何が必要か、教材研究を重ね、運動のメカニズムを分析します。子どもたちが取り組みやすいように、スモールステップの学習カードを準備し、躓きの対処法を模索し、より多くの子どもができるようになる指導法を追い求めていきます。学習指導要領に例示されている技は多岐にわたりますから、一つひとつの技の習得に時間をかけてはいられません。できるだけ、多くの子どもが短時間で効率よくできるように、さらに指導法に磨きをかけていきます。そして、より多くの子どもたちに技ができるように指導していきます。結果的に、みんなで同じ技に取り組み、同じような課題で取り組みを進めることになりますから、どの子が早くできるようになってどの子が最後までできていないかが、誰の目にも明らかになってしまいます。

　より多くの子どもが、学習指導要領に例示されている多くの技ができるようになっていけば、その指導は優れた指導であると言えるのでしょう。

本当に目指すべきものは…

でも…。

もしかすると、多くの子どもたちに一定の技能を育む代償に、生涯に

わたって運動に親しまない決意を育んでしまっているかもしれないのです。一定の技能が育まれた子どもたちの中に、示された道筋をたどることは得意だけれど、自ら考えてより良い学びを創り出す力が培われていないかもしれないのです。多くの子どもたちに、一定の技能を育むことは大切です。しかし、体育学習の指導者なら、**子どもたちの技能を育みながらも、体育だからこそ発揮される思考力や判断力や表現力に目を向け、体育だからこそ育まれる学びに向かう力や人間性までにも目を向ける**ことが大切です。私自身、奈良女子大学附属小学校に赴任してきたころ、先輩の先生に「学級の中で一番体育が苦手という子どもが、生き生きと輝くような体育学習を目指しなさい」とよく言われました。「体育は、運動を教える教科なのではない。運動を通して人間を育てるのが体育学習なのだ」とも言われました。技能がついたかどうかで一喜一憂するのでなく、運動を通して人間を育てられているのかどうかに心を砕く、そんな体育教師になりたいと願っているのです。

実は、これまでにも教育や体育の見方を変えようとしてきた

　技能だけではない、一人ひとりの子どもが輝くような体育学習のあり方を考える機会は、これまでにも何度もあったのだと思っています。古くは、系統主義から経験主義へと教育の考え方が見直された時期がありました。しかし、児童の経験を大切にする教育は、「這いまわる経験主義」という批判のもとに衰退していったといいます。私が学生のころの「楽しい体育」への取り組みは、多くの先生方が「体育は、子どもたちが楽しめれば良いのだから、ドッジボールでもさせておけばいい」と、その真意が全国に伝わらなかったとも聞いています。私が教師になってからは「新しい学力観」のキーワードとともに、旧来の知識・技能を重視す

る学力観から、思考力や問題解決能力、児童の個性を重視する学力観が提唱されるようになりました。しかし、この取り組みもまた、基礎・基本を軽視しているため「学力低下」を招いていると批判されるようになりました。繰り返し教育や体育の見方を変えようとしてきても、最終的には知識・技能が定着しているかどうかで判断が下されてきているのです。ついつい私たち体育学習の指導者も、自分の学級が「全員、跳び箱の開脚跳び越しができるようになったのか」を気にしてしまっているのです。

🔵 本当に「学力低下」を起こしていたのか？

　世の中の人たちは、「開脚跳び越しができる子どもの割合が減っている」ということを聞くと、それは「学力低下」だと考えます。しかし、それは本当でしょうか。

　そもそも、新しい学力観ということを唱え、知識や技能ばかりを重視するのではなく、自分自身が取り組むべき問題に向き合ったり、その問題を乗り越えるための思考力を発揮したり、個性的に学んだりすることを重視する学力観を大切にしようとしてきたのではなかったのでしょうか。それなのに、どうして開脚跳び越しができる割合が減っているだけで、学力低下と断定しているのでしょう。一番大切なことは、決して「学級のみんなが開脚跳び越しをできる」ことではありません。一人ひとりできるようになる技が違っていて、なんの問題もないはずです。極論すれば、体操選手か教師にでもならない限り、大人になって開脚跳び越しができなくて困ることはないのです。**「学級のみんなが、開脚跳び越しができる」ことよりも、もっと大切にすべき学力があったはず**なのです。その学力が育まれたかどうかの吟味なくして、「学力低下」と断じるこ

とには首をかしげざるを得ません。

 主体的・対話的で深い学び

　私は、これまでに何度もあった教育や体育の見方を変えようとする取り組みは、教師が何をどう教えようとするのかという教育と、子どもが何をどう学ぶのかという教育との間の揺れなのだと捉えています。子どもの側から教育を考える取り組みは、何度も批判を浴び否定されてきたようにも見えます。それでも、その問いが消え去ることはなく何度でも問い返されています。そこに、追い求めるべき教育の本質があるからだと思っています。

　今また「主体的・対話的で深い学び」をキーワードにして、子どもの側に立った教育が問い直されています。ここで問われているのは、一律一斉に同じ技能を身につけさせることではなく、**一人ひとりの子どもが自分の問題として学びを捉え、その子なりに思考力・判断力・表現力を発揮して自己更新していくような学び方・生き方を育んでいく**ことです。そういう体育学習でこそ「学級の中で一番体育が苦手という子どもが生き生きと輝く」ことを実現していけるのだと考えています。「学級全員、開脚跳び越しができる」ことばかりに目を奪われていては、このような学びを実現することが難しいと考えているのです。

3 体育で本当に育みたい
資質・能力って何だろう

　ここまで、学校体育が「生涯にわたって運動に親しむ資質・能力」を育んできたとは言い切れないことや、学校体育が目指すべきことは何なのかについての大枠を考えてきました。ここでは、もう少し踏み込んで、新しい学習指導要領で問われている「新しい時代に必要となる資質・能力」の切り口から、体育で本当に育みたい資質・能力を考えてみたいと思います。

新しい時代に必要となる資質・能力ってどんなことだろう

　例えば、特に体育という教科の中では、確かな技能を育むという視点がとても強く意識されてきたように感じています。体育という教科は技能系の教科なのだから、確かな技能をつけさせるという視点はもちろん大切です。そして、その技能を育むための教材研究も本当に大切なことだと実感しています。ただ、それらの研究を深めていったがために、子どもに求める技能の幅がとても狭いものになっているように感じているのです。子どもに求める技能が狭くなっている、典型的な例を考えてみましょう。

　マット運動の前転を例に見てみます。教材研究をしていると「まず手を肩幅に広げてマットに着きます。腰を高く上げながら回転をはじめ、腕で体を支えながら頭の後ろを着けるようにします…」のようなことが

わかってきました。すると、見つけ出した要点が満たされていないと、評価を減点してしまうようなことが起こってはきませんか。「この子の前転は、手が正しく着けていないから減点しよう」「この子は、頭のてっぺんをついてしまっているから良い成績はつけられない」のような評価です。確かに、評定をつけるにあたっては、学級の全員に同じ課題を与え評価基準をはっきりさせた方が、客観的で公平な評価ができます。しかし、これからの時代に必要になってくるのは、次々に更新される未知の事柄に対応していく資質・能力です。教師が示したポイントをたどるばかりでは、自ら未知の事柄に対応していく力は育まれません。**一人ひとりの子どもたちが、自らの課題を主体的に選び取り、精一杯に思考力・判断力・表現力を発揮して、自らの生活を改善していくことのできる資質・能力をいかに育むのかに目を向けていくことが大切**になってくるのです。

🎓 新しい時代に必要な資質・能力を育むためには…

　新しい時代に必要な資質・能力を育んでいくにあたって、従来の一律一斉に同じ技能の獲得を目指す体育指導がふさわしいとは思えません。
　例えば、長いマットを準備して、その上をいろいろにコロコロ転がるような動きに取り組ませてみてはどうでしょう。そのような動きに取り組む中で、「ぼくは、マットの上を鉛筆のようにコロコロ転がったよ」「私は、ゴムまりになって止まらずに転がったよ」のように、その子なりのこだわりの転がりを見つけさせたいと思います。身につけさせたい技能は、マットの上を様々に転がるための身のこなしであったり、前向きに転がっていたのが途中で後ろ向きに変わるための体の使い方であったりと、その子なりのこだわりの動きの高まりです。うまく前転ができない

子は、自分なりに工夫した斜め転がりをつないでコロコロ転がったって問題ありません。一人ひとりの子どもが、自分の発想を生かして様々な身のこなしを身につけていくことを大切にしたいのです。その中で、その子の技能が高められるように学ばせてやりたいのです。一人ひとりの個性的な転がり方を認めながら、みんなでその動きを真似てみる。そうした活動の中に、手を肩幅について頭の後ろを着きながら回る前転にも挑戦させていきます。**一人ひとりの子どもが、自ら主体的に課題を選び取る場を設定し、その子なりの追究方法で存分に取り組めるような学習にしてやるのです。そのような学びの中でこそ、新しい時代に必要となる資質・能力を育む体育学習が実現できるのではないでしょうか。**

「生きて働く知識・技能の習得」ということ

　そんな悠長な学ばせ方をしていて、学習指導要領に例示されているたくさんの技を、ほとんど習得しないままになってしまわないのですか。そういう風にたずねられることも多々あります。

　私は、学習指導要領に例示されている技は、みんなに習得させるべき技だとは考えていません。子どもたち一人ひとりが、自分のやりたい動きを追究していく中で取り組ませてみたい技の例示だと考えています。その技に取り組んでもいいし、別の動きを追究してもいいのです。大切なことは、一人ひとりの子どもが自分の取り組みたい技や動きを見つけ、工夫したり試行錯誤したりして自分の動きを高めていくことです。自分自身の課題を自ら選び取る学習の中で、主体的に思考力・判断力・表現力を働かせて課題解決へ向けた追究を行い、その結果として技能を高めていくことこそが大切なのです。大切なのは「**生きて働く知識・技能の習得**」なのです。その技能は一律一斉のものである必要はありませんし、

効率よくみんなが同じようにできるようになる必要もありません。**その子にとって本当に追究しがいのある技能に取り組んでこそ、その子にとって文脈を伴った「生きて働く知識・技能」となる**のです。繰り返しになりますが、学習指導要領に例示されている技ができないからといって、大人になって困ることはありません。例示されている技やその他の動きを習得するための学びを通して、様々な資質・能力が育まれるような学習をつくることこそが重要だと考えているのです。

 ## 「未知の状況に対応できる思考力・判断力・表現力」を発揮して取り組める学習

「例示されている技すべてを習得させなくても良い」

そう考えると、すごくゆとり（この言葉を使うことが適切なのかわかりません）が出てきませんか。だって、早くみんなにできるようになってもらうことを願って、その技が早くできるようになるためのポイントを見つけ出し、どのように伝え練習させてできるようにさせるのか、と焦らなくても良いのです。その技に取り組むことを課題にする子どもが出てくれば、その子がどのように課題追究に向かうのかに目を向けることもできます。すべての技に取り組ませなくても良い分、じっくりと課題追究を進めさせることもできます。その子にとっては、どうすればできるのかがまだわからない課題に向かって、あれこれと思考・判断・表現の力を発揮して取り組むことになります。効率的にマスターできるように準備された学習カードの道筋に沿った学習ではありません。その子自身が**「未知の状況に対応できる思考力・判断力・表現力」**を発揮して取り組むことを大切にできるのです。もちろん、子どもの力だけですべてうまく学べるとは限りませんから、個別に助言したり、時に練習方法を

教えたり、躓きからの脱出法を相談したりすることは大切です。教師は、こうした一人ひとりの子どもの学びに寄り添えるよう、普段から教材研究に取り組んで備えます。**教師の大切な役割は、教師主導で教えることよりも、子どもの学びに寄り添い支えることにあります。**時に助言を与えたり教え導いたりもしますが、一人ひとりの学びの良さに気づき、その良さを位置づけてやることも、とても大切な役割となります。子ども自らが「未知の状況に対応できる思考力・判断力・表現力」が発揮できるように、導くことが大切だと考えているのです。

学びを人生や社会に生かそうとする「学びに向かう力・人間性等」の涵養

　これまでに考えてきたような学習を実践していると、一人ひとりの子どもが個性的な学びを展開していくようになります。同じ技能の追究に向かったとしても、自分の課題にしていることが何なのかということへのこだわりが出てきますし、たどってきた学びの道筋にも自分ならではの意味を持たせてふりかえる子が増えていきます。運動があまり得意でない子どもたちも、自分ならではの取り組みを進める中で、友だちと比べて自分の学びが劣っているのだと体育嫌いになる必要もありません。自らの課題を乗り越えるまでに長い時間がかかった子どもも、時間をかけて進めた学びを自分ならではの学びとして自己評価するようになっていきます。

　体育の学習は、子どものストレートな欲求が出やすい学習です。だからこそ、子どもたち一人ひとりが「僕は、この動きに挑戦してみたい」「私なら、この動きをこういう風に工夫する」と、それぞれの子どものやりたいことが実現できる学習をつくってやることが大切です。自ら追

究すべき課題を見つけ出し、持てる力を発揮してその課題解決に向かい、これまでできなかったことができるようになる経験を重ねていくことは、子どもにとって本当に楽しい学びであるに違いありません。子どものストレートな欲求が出やすい体育の学習の中で、自らの課題を解決する学びの楽しさを味わわせることは、学びを人生や社会に生かそうとする「学びに向かう力・人間性」を育む上でとても大切になると考えているのです。

　私は、先輩の先生から「体育は、運動を教える教科なのではない。運動を通して人間を育てるのが体育学習なのだ」と学びました。まさに、**体育だからこそ育むことができる「学びに向かう力・人間性等」がある**のだと実感してきたのです。

第2章

子どもの工夫を
引き出し、
動きを高める
体育学習

1 子どもの工夫を引き出す体育学習

　体育学習で育んでいきたい資質・能力の中に、問題解決的な学びを進める資質・能力があります。例えば、自分が追究したい課題を自分で見つけられるような力もつけてやりたいですし、課題を追究する上で自分の動きがどうなっているのかを捉える力や、友だちの動きの良さを感じ取り自分の追究に生かす力も育んでいきたいです。自分や友だちの動きを客観視する力が育ってくれば、自分の課題解決に向かう道筋を見通す力や、躓いたときに試行錯誤しながら粘り強く追究に向かう力を育んでいくことも大切な視点のひとつです。

　このような、体育学習の基本となる問題解決的な学び方は、主に器械運動系（かつての「基本の運動」領域）の学習で身につけさせることが効果的だと思っています。ただ、この時に私がいつも意識しているのは、**学びの価値観を「できる・できない」だけに限定しない**ことです。つまり、技能的な価値観だけに絞り込んで学習を進めると、子どもの発想が広がらなかったり運動有能感が低くなったりしてしまうだけでなく、思考力・判断力・表現力を発揮する場が限定的になったり学びに向かう力が育まれにくかったりするように感じています。ですから、「できる・できない」だけでない多様な価値観から工夫できる学習をつくっていくことが、とても大切になると考えているのです。

🌑 「できる・できない」だけでない価値観ってどんなこと？

　例えば、跳び箱だけではなく、体育館いっぱいにマットや平均台やはしごを並べ、ろくぼくなども使ったコースをつくってみてはどうでしょう。子どもたちは、跳び箱の開脚跳び越しに挑戦したりマットの前転に挑戦したりと様々な技に挑戦していくでしょう。いわゆる技能獲得という価値観に向かう学びです。また、子どもたちの中には跳び箱を跳んだ直ぐ後に、前転をしたり側転をしたりする子も出てきそうですし、マットのところでグルグルと連続して前転をする子や鉛筆のようにコロコロ転がる子どもも出てくるに違いありません。動きを連続させることで、技の組み合わせを考えたりつなぎ方を考えたりという工夫が生まれてきます。さらには、忍者のイメージで、跳び箱の上から高くジャンプをして着地と同時に手裏剣をよけるように転がるような動きも出てくるかもしれませんし、バレリーナのように軽やかに美しく平均台を渡る子が出てくるかもしれません。自分のイメージに合わせて動きを創り出す工夫や、動きの素早さや滑らかさや力強さを変える工夫です。

　このような多様な価値観から工夫できる学習では、「なるほど、その技とその技をつないだんだ」（技の組み合わせの工夫を褒める）「今のつなぎ方は、流れるようだったね」（技のつなぎ方の工夫を褒める）「ははあ、そこでそんな動き方をするのか。面白い」（新しい動きを創り出す発想を褒める）「今のは、本当の忍者みたいだったぞ」（その子のイメージの広がりや表現の良さを褒める）というように、一人ひとりの子どもの学びの良

さを認め、さらなる追究を引き出していくことができます。30人の子どもがいれば30通りの道筋で学習に入っていくことができますから、一人ひとりの学びが主体的になっていきます。その子の発想や工夫を認め価値づけることを心がければ、子どもたちはさらに自分ならではの学びを創ろうと没頭していくようになります。そのような学びの中で、問題解決的な学びに向かう資質・能力とともに技能獲得の力も育むことができると考えているのです。

2 ～ 多様な価値観で進める 体育学習への意識改革

　これまでの器械運動系の学習では、子どもたちに習得させるべき技があり、その技の習得を目指すことが中心課題なのだ、という意識が強くありました。多様な価値観で進める体育学習への第一歩は、その意識改革にあるように感じています。つまり「運動の技能を身につけさせたい」という意識から、「一人ひとりの子どもの多様な工夫を引き出しつつ、その子に合わせて技能も身につけさせていきたい」という意識への改革です。

　実際の学習の例を「一人マットでの動きづくり」の様子を例に紹介してみます。

🔵 学習への入り口

　私が低学年から中学年にかけてよく取り組む体育学習に、一人マットでの動きづくりがあります。子どもたち一人ひとりが、1枚のマットの上で様々な動きに挑戦していく学習です。

「さあ、このマットの上でどんな動きができるかな」

　こんな言葉をかけながら、学習を始めていきます。子どもたちは、どのように動いたらいいのか戸惑いながらも、徐々に自分の思う動きに取り組み始めます。例えば、子どもたちの中にでんぐり返りをする子が出てきます。すかざず、
「おお、でんぐりがえりや。1回転だけ（で終わり）か？」
と、言葉をかけます。すると、直ぐに向きをかえてさらにでんぐり返りをしますから、また
「おお、向きをかえて2回もでんぐり返りを続けたぞ！」
と声をかけます。このやり取りを聞いていた近くの子どもが、「ぼくは、もっとたくさん回れるで！」と、向きをかえて連続してでんぐり返りに挑戦していきます。またすかさずそばによって、その動きにタンバリンのリズムを重ねるように鳴らします。
「シュラシャラシャラシャラ、トン、トン。シュラシャラシャラシャラ、トン、トン。シュラシャラ…」
タンバリンでリズムを鳴らしながら、
「い〜っ回、に〜回、さ〜ん回…」
とでんぐり返りの回数を数えてやると、なんと10回も続けますから
「わぁ〜10回も続けてでんぐり返りしたでぇ〜！」
と、みんなに知らせてやります。すると「私もやってみよう」「僕だって負けへんでぇ」と、向きをかえての連続でんぐりがえりに取り組む子どもが、どんどん増えていきます。

子どもがやってみたくなる動きをさがす

　私は、子どもたちの間を巡回しながら、子どもたちがやってみたくなる動きはないだろうかとアンテナを張り巡らすようにしています。子どもがでんぐり返りする様子を見ながら、1回で終わるより連続して続けた方が面白いだろうと、「1回転だけ（で終わり）か？」と声をかけるのです。子どもたちは、「素早く向きをかえて続けて何回もでんぐり返りする」ということに、ただでんぐり返りする動きにはない、魅力を感じるのだと思います。単なる「でんぐり返り」という動きではあっても、連続して繰り返すことで、でんぐり返りができるかどうかだけでなく、どうやってつなぐのか、どんなスピードでするのか、何回連続できるのかなど、子どもにとってやりたくなる要素が加わっていくのです。

　多くの子どもが、向きをかえての連続でんぐりがえりに取り組む様子を見て回っていると、子どもによって様々な違いがあることにも気づいてきます。そこで、

「あれぇ？　この子の連続でんぐり返りは、さっきの子と何か違うぞ！」

と、周りに聞こえるようにつぶやき、その子のリズムに合わせてタンバリンを鳴らします。

「シュラシャラシャラシャラ、トン。シュラシャラシャラシャラ、トン。シュラシャラ…」

　そうです。さっきの子どもが、でんぐり返り（シャラシャラ…）をして起き上がり（トン1）ジャンプして向きをかえて（トン2）いたのに、今度の子は斜めに回り（シャラシャラ…）ながら半身になって起き上がり（トン1）、そのまま次のでんぐり返り（シャラシャラ…）に入っていく動きをしていたのです。

「どこが違うんやろう？」

と問いかけ、二人の動きの違いに着目させます。すると同じように見えていた動きにも違いがあることに、子どもたちも改めて着目していきます。みんながその違いを意識したところで、さらに
「それでは、今から二人の動きに挑戦してみます！」
と、それぞれの動きに挑戦させます。普通にでんぐり返りをし、起き上がって向きをかえて連続するやり方、回り始めから斜めに回転し、半身で起き上がって次の回転に向かうやり方。二つのやり方に取り組みながら、自分はどのやり方がやりやすいのか、どちらの方が素早く動けるのか、美しく回転できるのかなどを体感させていきます。

　そうこうしている間に、また違うやり方をする子どもが出てきます。例えば、でんぐり返りをした後、そのまま後ろでんぐり返りをするようなやり方です。

子どもの発想を広げ、自分ならではの追究を楽しめるように

　このような流れの学習で私が意識しているのは、子どもたちがやってみたくなりそうな動きにアンテナを張ることなのですが、特に、同じような動きの中にある共通点や相違点に注目することを心がけています。同じように見えている動きの中の、一人ひとりの動きの違いに着目して声をかけていくと、単なるでんぐり返りでしかなかった動きが、その子なりの追究や工夫が詰まった魅力的な動きになっていきます。「トン、トン」と二つの動作で方向をかえる動きと、斜めに回転して体をひねりながら「トン」だけで方向をかえる動き。私たち教師は、つい「両手を正しくついて真っすぐ回転し、うまく方向転換の動作もできている動きの方が良い動きだ」のように捉えがちです。しかし、斜めに回転して体をひねりながら一つの動作で向きをかえる動きも、複合的な要素の動き

をコントロールしていることを考えれば、より高度な動きと捉えることもできます。**大切なのは、教師の考えている動きの良さに子どもを当てはめていくことではなく、その子の動きの中にどんな良さがあるのかを見つけられる教師の目**なのだと考えています。その子の動きの良さを、教師が持ちがちな固定的な価値観にとらわれず、多様な価値観で見てやることが大切ですし、何よりも子どもの発想を広げ自分ならではの追究を楽しめるようにすることが大切です。ですから、どちらが良い動きというのでなく、どちらも個性的でその子の工夫が詰まった動きとして取り上げます。そして、その動きの良さにみんなも挑戦していく中で「僕も、自分の工夫を見つけたい」という心が沸き起こるように導いていくことを大切にして取り組むようにしています。

子どもと一緒に、深めていきたい動きを見定める

　ここまで、様々な動きを考えている子どもたちの中からでんぐり返りをする子に着目し、でんぐり返りという動きへの発想を広げたりそれぞれの追究が進んだりするように学習を進めてきました。「でんぐり返りが上手に回れるかどうか」という視点しか持たなかった子どもたちの発想を広げ、多様な追究が始まりそうだと思えたところで、また別の動きにも挑戦させていきます。そして、子どもたちにでんぐり返りだけでなく自由に動きづくりをさせる中でまた別の動きに絞り込み、その動きの中にある追究の可能性を広げていくのです。そうした学習を続けていくと、子どもたちと一緒に深めていきたいと思う動きが、何種類かに集約されていきます。年によって多少やり方も変わってくるのですが、私がよく取り組む動きを紹介します。

ブリッジ系の動き

　柔軟性を高めることに適している動きです。継続して取り組むことで得られる達成感も大きく、個性的な工夫も生まれていきます。さらに、この動きを繰り返し、両腕を突っ張って体を支える感覚を磨くことで、倒立の感覚もつかみやすくすることができると考えています。

バランス系の動き

　代表的なバランス系の動きといえばＹ字バランスやＶ字バランスですが、子どもたちに取り組ませると個性的なバランス系の動きが出てきて面白いものです。子どもならではの発想の妙に感心して褒めてやりながら、各種の身のこなしに挑戦させることができます。

えび反り系の動き

　うつ伏せになって上体を反らせるような動きです。特に低学年から中学年の時期は柔軟性を高めやすいですから、体育学習での追究をきっかけに生活全体に学びを広げれば、大きな成長を実感させることも可能です。また、柔軟性の高まりとともに、多様な工夫や表現も生まれやすい動きでもあります。

逆立ちバランス系の動き

　これまでの動きに比べると、少し難しい動きになります。カエル逆立ちや頭逆立ちなど、教師側からやり方やコツを伝え、時間をかけて挑戦していく動きになります。全員ができるようになる必要は全くありませんが、この動きに挑戦していくことが両腕で自分の体を支える感覚や、頭よりお尻の方が高くなる逆さ感覚を身につけることにつながっていきます。器械運動系の基礎をつくる上でも、取り組ませておきたい動きです。

回転系の動き

　いわゆるでんぐり返りのような動きです。前転や後転の他、柔道の前回り受け身のように斜めに回る動きも出てきそうです。手の着き方や膝を抱えるかどうか、起き上がる時の足の形など、子どもたちがそれぞれに工夫できそうです。また、鉛筆

転がりのような動きや側転系の動きも出てきそうですし、あぐらのような形で横に転がって起き上がるような特殊な回転も出てくるかもしれません。逆さ感覚や回転する時の体をコントロールする力を育んでいける動きです。

　ブリッジ系や、バランス系のように〇〇系と表しているのは、子どもたちの動きを特定の技に限定していきたくないという思いからきています。つまり、マット運動の前転というような教師が思っている技の習得を目指すのではなく、体を回転させるような動きとして幅を持たせて取り組ませ、一人ひとりの子どもの個性的な追究を生み出したいと願っているのです。ここで紹介してきたような動きは、ひとつには、子どもたちが夢中になって多様な追究へと入りやすい動きを模索しながら集約していきました。同時に、子どもたちが高学年になって多様な問題解決の学びを進めようとする際に、必要になってくる運動感覚を養える動きとして、意図的に集約してきた動きも含まれています。

3 子どもの動きの実際

　一人マットでの動きづくりの学習で、子どもたちの個性的な追究が進むように取り組んだ様子を紹介してきましたが、文章だけではなかなか具体的にイメージしにくいと思います。写真から読み取れる子どもたちの追究の様子を紹介していきたいと思います。

ブリッジ系の動きでの子どもの追究

　低学年の子どもたちがブリッジ系の動きに挑戦し始めた時、はじめから軽々とできる子どももいる一方で、なかなか頭を持ち上げることができない子どももいるものです。そういう段階の子どもたちにも、ブリッジができることだけを目指させるのではなく、個性的な追究を楽しめるように学習させることがとても大切です。

　同じような動きであっても、それぞれに自分が考えて工夫した技であるから、本当に楽し気に「先生、見て見て！」と声をかけてくれます。ブリッジができる子どももできない子どもも、それぞれに自分らしい技をつくろうと追究を進めます。それぞれの子どもの動きに感心しながら、できない子には普通のブリッジもできるように指導して回ります。まだブリッジができない子どもも「他の子と比べて自分はできない」と苦手意識を持つ必要もないのです。ここから、子どもたちの追究が加速していきます。そして、教師は子どもたちの追究に寄り沿っていきます。

「まだできない」ではなく、「こんな工夫をしてみた」で、力を伸ばそう！

まだ、頭は上げられないけれど、頭を中心にグルグル回ってみたよ。

僕のは、偉そうなブリッジ。名付けて「エッヘンブリッジ」だぞ！

頭ブリッジで両手が空いているからなぁ…。そうだ、こうすれば東京タワーになるぞ！

まず、正座をして…、そこから体をぐっと反らせて…、ほら正座ブリッジができたよ。

私の正座ブリッジは、両手でピースをしたよ。「正座ブリッジダブルピースだ」

私は、体の柔らかさを生かして、足の裏をまくらにしてみたよ。柔らかいでしょう？

右上の２枚の写真➡は、頭ブリッジを
しながら着ていたビブスを脱ぎ捨てる様
子です。前ページの正座ブリッジもそう
でしたが、私の発想ではとてもこんな動
きは思いつきません。右中段の２枚の写
真は、正座ブリッジから普通のブリッジ
に立ち上がった子どもです。もともと体
の柔らかい子でしたが、家でも熱心に追
究を続けていましたので、その成果が出
てできるようになったのだと思います。

　一人マットでの動きづくりがすっかり
楽しくなった子どもたちは、家に帰って
からも風呂上りや就寝前に追究を続ける
ようになります。ですから、短い期間に
柔軟性が高まったり両腕でしっかり体を
支える力強さが出てきたりします。する
と、片足を上げたり片手を上げたりの工
夫もいろいろと出てくるようになります。

　次頁の写真➡は、どちらも片手を上げ
ている写真です。上段の子は、実は上げ
ている左手をひらひらさせて「キラキラ
と輝く」様子を表現しています。下段の
子は、実は、片手を上げているのではなく「足は左右に開いているけれ
ど、上半身は半分ひねって前後に手を着こうとしている」ということで
す。残念ながらこの二人の工夫は、巡回指導で見抜くことはできません

でした。前者は、日記に書かれていた記述を読んではじめて「そんな工夫をしていたんだ」と気づきました。後者は、「おお、高く手が上がるようになったなぁ」と声をかけたところ、「先生、違います。私がやっているのは…」と直接教えてもらってはじめてわかったのです。一人ひとりの子どもの工夫や追究を見抜くのは、なかなか簡単なことではありません。共通点と相違点に注意して一人ひとりを見て回っていても、全員の動きを見逃さないなどということは不可能です。ですから、子どもの言葉に耳を傾けたり、丹念に日記や「めあて・ふりかえり」の記述を読み取ったりして、子どもの工夫に寄り添っていくことが大切です。

　ブリッジ系の子どもの追究の様子を見ていただいて、子どもたちがどのような追究を進めていったのかを、少しイメージしていただけたでしょうか。同じブリッジ系の動きなのですが、子どもたちみんなが習得すべき技能を設定しているわけではありません。それぞれの子どもたちが、ブリッジ系の動きの追究を楽しみつつ、柔軟性や筋力もブリッジとしての技能も高めていけるように取り組みます。ブリッジ系以外の動きも、同じように学習を進めていますので、子どもたちの追究の様子を紹介していきます。

バランス系の動きでの子どもの追究

　まずは、Y字バランスやV字バランスに挑戦するところから始めます。完璧な形ができることが目標ではなく、子どもたちなりのやり方でバランスを保つことを大切に取り組みます。やはり、それぞれの子どもたちの特徴に着目して言葉をかけていきます。

　定番のバランスでも個性を尊重して言葉をかけていくと、例えばY字バランスに似た片足のバランスを考える子どもが出てきます。下の写真❷の二人は、タイミングを合わせてジャンプして足をかえています。ジャンプの後、瞬時に次のバランス姿勢になるのはなかなか難しそうです。動きのあるバランスの動きを見つけ出しました。

　子どもらしい発想が広がり、それぞれに動きの追究に力が入っていきます。自分らしい動きに精一杯取り組む中で、バランス感覚や筋力や柔軟性等も育まれていく学習になっていると感じています。

友だち同士で手をつないでバランスに挑戦したり、動きをシンクロさせたりする子も出てきます。

＼ 良さを見つけてみんなが伸びる学習 ／

なるほど、かかとを持って膝をのばそうとするんやなぁ！

膝のあたりを持つやり方もできるのかぁ。手を広げてうまくバランスをとってるぞ！

こっちは、手を放してバランスとってる！足先まで伸びてるなぁ！

両手を横に広げてバランスをとってんねや！なるほどなぁ！

足を横に伸ばした方がかっこいいかなぁ？

僕は、足を後ろに伸ばしてやってみたよ。

えび反り系の動きでの子どもの追究

　うつ伏せに寝転がって、上体を起こしながら体を反らせるような動きです。この時期の子どもたちは、大人には考えられないほど短期間で体が柔らかくなっていきます。まずは、足先で頭を触れることを目標に追究を始めます。下の写真⬇はいずれも足先で頭を触ろうと取り組んでいる様子です。腕を少し曲げ気味にしている子、頭をしっかり反らせている子、足を持って引っ張っている子、お腹を上げて取り組んでいる子など、それぞれの特徴を言葉にして伝えることで、「そのやり方を試してみたい」という子どもの追究を引き出していきます。

できるだけ腕を伸ばして…
頭を後ろに反らせて…

だいぶ、足が頭に近づいてきたぞ！もう少しだ！

足を持って引っ張ったら、早くくっつくかなぁ？

私は、お腹を上げた方がやりやすいみたい！

＼ えび反りの工夫にも、それぞれに個性が出てきます ／

足のうらで熱を測っています！平熱です！

片方の足を頭の上から引っ張ってみた！

足の指で耳たぶを挟んでいるの見える？

両方の足の裏のにおいを嗅げるかしら？

私はえび反りしながらゆりかごみたいにゆれてみたよ。

私のゆりかごは、足を持たずにやってみた。大きくゆれてるでしょう。

逆立ちバランス系の動きでの子どもの追究

　俗に言うカエル逆立ちとか、それによく似た（前で足をちょんちょんする）動きなど、私が小さいころには誰に教えられるわけでもなく、みんな普通にやっていたように思います。今の子どもたちに「やってごらん」と言うと、できる子の方が珍しいので驚いています。そして、いざやらせてみると、これがなかなかに難しいようで、すんなりとできる子も少なくなっています。まずは、カエル逆立ちのやり方と気をつけるところを確認しておきましょう。

カエルがしゃがんでいるように座り、両手を地面に着きます。両腕の肘を外側に張り、太ももの内側を肘で押すようにします。

腕を垂直に立てて体を支えることを意識し、頭を下げていきます。もう少し腕を垂直に立てると足を浮かせやすくなります。

　簡単にできそうにも思うのですが、慣れないうちはなかなかに難しいようです。ですから、この動きでは子どもならではの工夫を引き出すよりも、できるようになるための思考力を磨くことを大切にしています。実際の子どもたちの様子を見ながら、上達のポイントを確かめてみましょう。

＼ 自分の動きを客観的に見る目を育てよう！ ／

もっと肘を張って、太ももを押すことを意識すると
いいですね。

腕が垂直になるようにして、しっかりと体を支える
感覚を磨きましょう！

両腕で体を支えられてきた。頭を下げて、重心を
前にするとバランスがとれるぞ！

頭を下げていくと、足が浮き始めたぞ！手指を開い
て体を支えよう！

カエル逆立ちのバリエーション

　カエル逆立ちに挑戦する子どもたちの中に、両腕で体を支える感覚がつかみにくく、つい頭もついてしまう子どもがいます。

　これはこれで、とても面白いやり方だと思っています。この方がうまくできそうな子どもには、「カエル逆立ち、頭つきバージョン！」とでも名付けて、子どもたちの工夫のひとつとして追究を続けさせていきます。うまくいけば、頭逆立ちにもつながる運動感覚が身についていきます。頭つきバージョンでも、実際の子どもたちの様子を見ながら、右頁の①〜④のポイントを確かめておきましょう。

　カエル逆立ちや頭逆立ちのような動きは、子どもたちの多様な工夫を引き出せる動きではありません。むしろ、その動きのポイントを理解し、自分がどこまでできているのか客観視することが重要な動きと言えるでしょう。したがってこの動きでの追究は、今の自分の動きを客観的に捉え、どうすればできるようになるのかを見つめる追究となります。子どもたち全員ができるようになる必要はありませんが、多様な価値に向かう追究のひとつとして取り組むことを大切にしています。

できるためのポイントを考える力もつけよう！

① カエル逆立ちで頭を下げていくと、地面に頭をついてしまうことがあります。

② 頭をついてもかまいませんから、腕の幅を広げ垂直につくことを意識して続けましょう！

③ うまくバランスをとれるようになったら、思い切って足を上げてみてもいいですね。

④ 頭のてっぺんをつくと前転してしまいます。おでこをつくようにしましょう。

安定してバランスが取れるようになってきた子には、浮かせている足で何回手（足）拍子が打てるかに挑戦させるのも面白いです。

四股を踏むように開いた足の間に両腕を差し込み、外側に肘を張って太ももを乗せます。そのまま足を浮かせてバランスをとります。

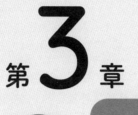

第3章

子どもの
生活と学習を
ひとつにする
奈良女附小の
学習

1 体育学習を生活に広げる

　子どもたちの１週間の生活の中で、運動に親しむ時間はどのぐらいあるのでしょう。毎日、業間休み・昼休みや放課後など外に出て遊び、常に運動に親しんでいる子どもであれば、ある程度の時間は運動に親しんでいると言えるのかもしれません。しかし、忙しい現代の子どもたちの中には、放課後遊ぶ間もない子どもも多いと聞きます。さらには、運動そのものを好まない子どももいるでしょうから、体育学習以外で運動をすることがないという子どももたくさんいるに違いありません。それだけ、学校体育の重要性が高まっていると言えるでしょう。

　小学校の体育学習は、１～４年生は週あたり３時間、５・６年生は2.6時間です。１単位時間を45分として、その中で実際に運動をしている時間が平均して30分程度でしょうか。とすると、１週間当たり１時間半ぐらい、体育学習の中で運動をしている見当になります。この時間は十分な時間であると言えるでしょうか。子どもの体力を保証していくことや、生涯にわたって運動に親しむ資質・能力を培うことを考えれば、やはり、体育学習の時間だけでなく子どもたちの生活の中に運動を広げていくことを考える必要があります。

　前の章で紹介した「一人マットでの動きづくり」の取り組みは、子どもの生活の中に運動を広げていくのに絶好の題材だと考えています。とは言え、ただ何となく取り組んでいるだけで、生活に運動が広がっていくわけではないので、いろいろと苦心している部分もあるわけです。

家でも練習しておくといいね

　体育学習での学びを、子どもの家庭生活に広げるための最も効果的な方法は、今更言うまでもありませんが、子ども一人ひとりが自分の課題追究に熱中できる学習をつくることです。「私は、自分のオリジナルのキラキラブリッジを完成させたい」「カエル逆立ちがもう少しでできるから、みんなに見せたい」「ブリッジ歩きをしようと思うと、いつも後ろに歩いてしまう。どうしたら前に進めるのだろう」と、それぞれに切実な課題意識を持つことができれば、おのずとその追究は家庭生活にも広がっていきます。

　ただ、それだけで学級の全員が夢中になって家でも追究を続けるかというと、必ずしもそうだとも言い切れません。ですから、私は「家でも練習してみるといいね」「風呂上がりや寝る前とかにやるといいよ」などと、機会を捉えて誘うようにしています。体育学習中の声かけで「もうちょっとで、手と足がくっつくぞ。家でも練習しておくといいね」と声をかけたり、一人マットの動きづくりのことが触れられている子どもの日記へのコメントの中で、家庭生活でも追究が広がるように呼びかけたりもします。日記紹介と称してその良さを取り上げて学級のみんなに話したり、学級通信に日記を掲載し、その追究の姿や学びの良さについてコメントしたりもします。朝の会の元気調べのときに、「僕は、昨日、風呂上りにブリッジをやってみたら、少し足を上げることができました」のように話す子が出てきたりすると、すかさず、自分の課題に向けて家庭生活の中でも追究を続けている良さを価値づけるように話します。様々な機会を捉えて、体育での学びが生活の中に広がることを誘い、生活の中で課題追究を進める姿を褒めることを心がけているのです。

体育以外の時間にも課題追究に取り組める環境を考える

　子どもの生活は、家庭生活だけではありません。学校にいる時間でも、体育学習以外に課題追究に向かえるような環境を見つけることも考え、子どもの体育的な学習生活をひらくことを心がけています。

　私が勤務している奈良女子大学附属小学校（以下、奈良女附小）では、2年星組の教室と3年月組の教室が少し広くなっています。廊下の突き当りの教室になっているため、廊下スペース分も教室の一部になっているのです。私の学級がこの教室にあたったときは、いつも運動スペースをつくるようにしています。体育用の一人マット（ジョイントマット）の余っているものをつなぎ合わせ、3枚〜4枚ほど重ねて敷き詰めます。1m何円で量り売りされているカーペットを購入してジョイントマットを覆い、ずれないように布テープで固定していきます。広さ180cm×360cm程度の、座敷のようなスペースができ上がります。

 ## 環境を整えることでひろがる学習生活

　「教室の中に運動スペースがある」「今、体育学習の中で自分が追究していることを試せる場所が直ぐそばにある」。こういったことが、とても大切だと考えています。教室の中に運動スペースを確保できないときには、一人1枚の小さなジョイントマットを持たせ、休み時間に近くの

ベランダスペースにそのマットを持っていけば、すぐに自分の動きづくりに取り組めるよう工夫することもあります。こういう環境が実現できると、すぐに子どもたちの追究の心が活性化されていきますし、友だちと追究課題を共有してグループで追究する姿も活発になっていきます。

　下の写真⬇は運動スペースでの子どもたちの追究の様子です。

　頭逆立ちやカエル逆立ちなど、体育の時間だけでは十分に追究できなかったことを休み時間に試そうとする子が多く出てきます。得意なバランスに磨きをかける子どももいれば、手押し車のような動きに取り組む子どもたちも出てきています。教室の運動スペースという環境をうまく利用して、壁を使った頭逆立ちや立ちブリッジの練習方法を考え出す子どもも出てきます。誰かが頭逆立ちができるようになると、その追究の様子を共有して自分の追究に生かす子どもも出てきます。子どもたちの

最も身近な生活の場に、運動スペースという環境を整えることが、子ど
もたちの学習生活を広げることにつながっていくと考えているのです。

🧢 子どもたちの心が動き出す機会を見つける

　子どもたちがそれぞれに追究しがいのある課題に出会える学習をつく
り、その課題を追究できる環境を子どもの身近に整えたり、家庭生活の
中でも追究を続けられるように誘い続けたりと、体育学習が生活の中に
広がっていくように取り組むことを心がけています。このような取り組
みを長年続けてきていると、子どもたちの追究に向かう心に劇的にスイッ

チが入ったことを感じる時があります。

　私は奈良女附小で長年続いてきている「低学年なかよし集会」や「高学年なかよし集会」での学級発表で、体育学習の成果の発表に取り組むことがあります。この集会発表に向かう中で、劇的に子どもたちの追究へ向かう心にスイッチが入ったことを感じることがよくあるのです。

　下の写真⤵は、１年生の子どもたちが体育館のステージに上がり「ぼくの運動、わたしの運動」を発表しているところです。

　学級全員がステージ奥に並び、その前に置かれた一人マットで４人ずつ自分の運動を発表しています。１番左の子どもはえび反りをしながら足先で帽子を触っています。片手だけで体を支えて、もう片方の手を上げる工夫です。２番目の子どもは片足を高く上げたブリッジです。足先までしっかり伸ばしているのと高さのあるブリッジになっているのが見所です。３番目の子どもは頭ブリッジをしながら、頭を支点に円を描くように動く工夫をしています。４番目の子どもも、頭ブリッジをしていますが左腕にギブスをしているのが見て取れると思います。けがをしていても精一杯に自分の追究を発表しています。

　この低学年なかよし集会の発表は、「一人マットの運動づくり」の学習がある程度軌道に乗ったころに、子どもたちに話します。「次のなか

よし集会の１年月組の発表は、何にしますか？」と問いかけて、子どもたちの考えも引き出しながら「ぼくの運動、わたしの運動なんてどうかなぁ」と、教師の考えも問いかけてみます。「えっ、それどんな発表なの？」という子どもたちに「みんなが頑張っている一人マットの学習を発表するんだよ。ステージの上で一人ずつ自分が考えた動きを発表したらどうかなぁ」と、教師の見通しを話します。この時点で、心のスイッチが入る子どもが大勢出てきます。実際の集会発表までには２〜３週間程度の時間がありますから、体育学習自体が終わっていても家庭生活を中心に追究が続いていきます。集会発表は、他の学年・学級の子どもたちが「あの学級はどんな学習の成果を発表するのだろう」と期待をよせて楽しみにしているイベントです。保護者の方の参観も盛んですから、「今度は、どんな発表をするの？」と家庭内での話題にも上ります。子どもたちの構想を話したり、お家の方からのアドバイスをもらったりと、家庭生活が追究の場となっていきます。発表の中身は、決められた課題がどれぐらいできているかではなく、一人ひとりの自由な追究の成果になりますから、「出来・不出来」が問われるようなものになりません。その子がどんな追究をしたのか、その着想の面白さであったり、積み重ねた努力であったり、その子ならではの出来栄えであったりと、様々な工夫が生きる発表となります。だからこそ、子どもたちは自分ならではの発表をしてやろうと意気込みますし、追究へ向かう心のスイッチも入って体育学習が生活に広がっていくのだと考えているのです。

2 〜 生活と学習をひとつにしていく

　ここまで、「体育学習を生活に広げる」ということについて述べてきました。実は、「体育学習を生活に広げる」というよりは、**根本的には「子どもの学習生活をひらく」ことを大切にしたい**という考えを持っています。つまり、体育の学習を生活の中に広げることを目指しているのではなく、子どもの学びと生活をひとつのものにすることを目指しているのです。

　私が勤務している奈良女附小は、大正期から児童中心の教育を展開してきている学校です。その根本となる考えに「**学習即生活、生活即学習**」という考え方があります。子どもにとって生活と学習があるというのではなく、子どもにとっての学習は生活そのものであり、子どもは生活することによって学習しているのだという考えです。また、「学習とは、ひっきょう疑うて解くことの反復」という学習観も持っています。「学習するということは、つまるところ、生活の中の疑問を見つけ、その疑問を解いていくことを反復していくということだ」というような意味合いでしょうか。これらのことを私なりに解釈すれば、「生活の中にある問いに気づき、その問いを解く生活の中で少し自分を成長させていく。生活の中の問題に気づき改善しようとする生活の反復を通して、人としてより良く生きようとすることが学習そのものなのだ」というようなことだと理解しています。

　このような「子どもの学習生活をひらく」という視点は、実は、主体

的・対話的で深い学びを実現するという視点も包含するものだと考えています。「子どもの学習生活をひらく」ことができれば、おのずと主体的・対話的で深い学びは実現されていくと考えているのです。

　それでは、私たちの学校では、どのようにして「子どもの学習生活をひらく」ことを実現しようとしているのでしょう。私たちが考え実践していることを体育学習とも関連させながら見ていきたいと思います。

🔔 奈良女子大学附属小学校の「朝の会」

　私たちの学校では、「朝の会」という時間をとても大切なものと考え、取り組みを続けてきています。

　「朝の会」は、1日の始まりに際し、その日1日を元気で前向きな気持ちで始められるように、心のスイッチを入れる働きをすると考えています。例えば、私の学級でよく取り組んでいたメニューは次のようなものです。

1．朝の歌
　全校放送でその月の「朝の歌」が流れる。時間をチャイムで区切るのではなく、高学年による放送で準備を整え、みんなで声をそろえて歌うことから1日の生活を始めていく。

2．朝のあいさつ
　一人ひとりが元気に声を出し、みんなでしっかりと声を合わせて挨拶をする。そのことによって、1日の学習へと向かう心のスイッチを入れる。

３．学級の歌

　自分たちで決めた歌を歌う。子どもたちの実態に合わせて歌詞の準備や、時には伴奏なども子どもが行い、自分たちの生活を自分たちでつくる態度も育む。

４．元気調べ

　友だちに名前を呼んでもらい、「はい、僕は元気です」や「はい、私はひざをすりむいて少し痛いです」のように、自分のことを話す習慣を育む。

５．委員会などのお伝え

　「なかよし委員会からのお伝え」を聞く。その日の行事や予定は、教師が伝えるのではなく、なかよし委員から伝えられる。自分たちの生活をつくっていくのは自分たちなのだという意識を育もうとしている。委員会だけでなく、なかよし集会進行の係からのお伝えなど、各種の行事の運営もできる限り児童中心で行う。

６．先生のお話

　学習や様々な行事など、常に、最後に「先生のお話」を設けることが習慣化されている。その学習やそのプログラムでの子どもの良さを位置づけ、子どもがより良い学習生活を築くことができることを意識して、教師も言葉を紡ぐようにしている。

自分のことを自分の言葉で話す習慣

　唐突ですが、みなさんはご自分の小学校や中学校・高校時代、学校の

中で「自分のことを話す時間」というのはどれぐらいありましたか。私自身の経験で言うと、そんな時間はほとんど記憶に残っていません。もちろん、友だち同士での会話の中で自分のことを話すことはありました。しかし、学級のみんなが聞いている中で自分のことを話す時間となると、ほとんど記憶にないのです。弁論大会やスピーチ大会が日常的に行われているような学校でもあれば、それなりに自分のことを話すこともあるのかもしれませんが、一般的に学校教育の中では、教師に求められたことや学習の内容に関する考えを話すことはあっても、自分のことを話す時間はほとんどないのだと思います。しかし、この「自分のことを話す」という時間がとても重要なのだと考えています。

奈良女附小の「朝の会」の中で、特に大切にされてきているのが「元気調べ」です。「元気調べ」では、友だちに名前を呼んでもらい、「はい、僕は元気です」や「はい、私はひざをすりむいて少し痛いです」のように、自分が元気かどうかを聞いてもらいます。まずは、友だちに名前を呼んでもらい、「はい、元気です」と元気に声を出すことを目指します。さらに「私は、ひざをすりむいて少し痛いです」のように、自分の言いたいことを聞いてもらえるんだと、学級の中に自分の居場所が確かにあることを感じ取れるようにしていきます。そして、もう一歩進めて元気かどうかだけでなく、「一言」を付け加えるようにしていきます。「はい、僕は元気です。今日、学校に来る途中、タンポポがたくさん咲いているのを見つけました」のように、一言付け加えるのです。その「一言」は、「朝からお母さんに叱られて腹が立っている」ことでも、「昨日の夜ごはんに大好物が出てきてうれしかった」ことでも、何を話してもかまいません。思ったことを自由に話してもいいのです。

「思ったことを、何でも自由に話していいよ」と言われると、意外と自由に話すことは難しいことなのだと気づきます。自由に話すためには、

自分が何を話せるのか見つけ始めなければなりません。**自分の身の回りのことや生活の中に、話したいことがあるかどうかを普段から気にかけて元気調べに臨むことが必要になってくる**のです。生活と学習をひとつにしていく第一歩です。話してみたいことが見つかると、そのことをどう話そうかあれこれと考えます。「みんなは、自分の話をちゃんと聞いてくれるだろうか」「自分の話に興味を持ってくれるだろうか」と、様々に心を働かせます。そういう準備をして話したことを、学級のみんなが肯定的に聞いてくれたり興味を持って「おたずね」をしてくれたりするから、自分のことを話すことが楽しくなっていきます。このような「自分のことを話す」時間の中で、**こだわりを持って自分の生活を見つめ、深く考えて話す習慣が培われていく**と考えているのです。

話す力や考える力を育む

　子どもの「話す力」を育むことは、一般的には国語科の学習内容だと捉えられています。ですから、国語科の教材文を使い、子どもたちの生活から離れたところで力をつけようと取り組むことが多いのです。しかし、一番話す力が育まれるのは、「自分のことを話す」時間や自分たちの問題を話し合う時間だということを実感してきています。子どもたちは、「自分の話を聞いてもらいたい」「みんなに興味を持って聞いてもらいたい」と心を働かせます。だからこそ、「どんな内容を話そうか」「どのように話せばより良く伝わるだろうか」と自分事として考え始めるのです。我が事から遠く離れた教材文の話では、なかなかに話す力が本物にはなっていかないのではないでしょうか。

　私たちの学校の「元気調べ」の「一言」の中では、子どもたちの様々な追究の様子が語られるようになっていきます。周囲の子どもたちも、

友だちの追究の様子に興味を掻き立てられ、その話を聞きます。だからこそ、国語科の教材文では実現できない考える力や話す力が育まれていくのだと考えています。体育の話題を例に、「元気調べ」の中でどのように考える力や話す力を育もうとしているのかを、考えてみましょう。

　例えば、「元気調べ」のときに「はい、僕は元気です。昨日、風呂上がりにブリッジの練習をしました」と話す子どもが出てきます。体育学習の課題が生活の中で追究されている姿の現れです。周囲の子どもたちに体育的学習生活を根づかせていくことや、体育的学習生活の課題への見方を育てていく良い機会となりそうです。しかし、このような「元気調べ」の最初にあらわれてくる子どもたちの言葉は、往々にして言葉足らずです。その言葉の足らないところを引き出してやることが肝要です。

　このようなときに私たちの学校では、周りの子どもたちの「おたずね」をうまく働かせるようにしています。はじめからうまく「おたずね」が働くわけではありませんが、子どもたちの「おたずね」を育む取り組みを通して、例えば次のような「おたずね」のやりとりができるようになっていきます。

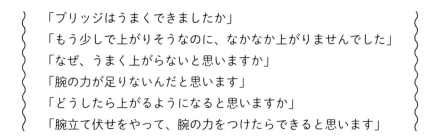

「ブリッジはうまくできましたか」
「もう少しで上がりそうなのに、なかなか上がりませんでした」
「なぜ、うまく上がらないと思いますか」
「腕の力が足りないんだと思います」
「どうしたら上がるようになると思いますか」
「腕立て伏せをやって、腕の力をつけたらできると思います」

　はじめの「ブリッジはうまくできましたか」という「おたずね」は、風呂上りに練習したブリッジがどうだったかという、具体を引き出す「お

たずね」です。本当なら、この子は「ブリッジの練習をしてみてどうだったのか」という内容も入れて「一言」を話すべきところでした。しかし、子どもの言葉は言葉足らずですから、そのことが語られていません。そこのところは、教師が問い返したり子どもの「おたずね」によって引き出してやったりすることが大切なのです。きっとこの子は、「もう少しでブリッジが上がるのにできなかった」というワクワク感や悔しい気持ちも伝えたかったに違いないのです。

　次の「なぜ、うまく上がらないと思いますか」という「おたずね」は、その子が捉えた現状の分析を促したり理由を考えさせたりする「おたずね」です。この子は、もう少しでブリッジができそうなのに上がらなくて悔しい気持ちは意識していても、どうしてもう少しなのに上がらないのかまでは考えていないのかもしれません。友だちの「おたずね」のおかげで、その理由を考え始めたり明確に意識し始めたりするのだと思います。そして、「どうしたら上がるようになると思いますか」という「おたずね」は、これからの追究の方向を見定めさせようとする「おたずね」です。もしかすると、このようにたずねられて始めて「腕の力をつけたら上がるかもしれない」と考えたのかもしれません。

　教師は、子どもたちの様々な「おたずね」のやり取りの中にある良さに適切に気づき、その良さを褒めながら良さの中身を明確にしてやらなければなりません。この場合だと、伝えたいことの具体を意識して話すことの大切さ、物事の原因や理由を考えて話すことの大切さ、これからの見通しや具体的な方策を考えて話すことの大切さでしょうか。その時々の「おたずね」のやり取りの中から子どもたちに伝えるべきポイントを見つけ出し、子どもたちがそのポイントを意識して話せるように伝えていきます。こういった「元気調べ」でのやり取りを重ねていく中で、話せる力もついていくのだと考えているのです。

子どもたちの追究へ向かう話題を形成する

　学級の友だちの誰かが、風呂上りにブリッジに取り組んでいる話を聞くと、「ああ、頑張っているんだなぁ」と、少し心が動きます。「そうか、もう少しなのに上がらない理由を、腕の力が足りないからだと考え、腕立て伏せを頑張っているんだ」とわかってくると、「自分はどうだろう」と自分のことと比較して考えたくなってきます。だから、体育的な学習生活が少し学級の中に広がっていきます。このように、友だちの追究の姿が見えてくることは、とても大切なことだと考えています。そして、友だちの追究の中に自分の追究との接点がたくさん出てくるようにすることも大切にしていることのひとつです。

　例えば、「もう少しでブリッジが上がりそうなのに上げられない」理由について、「腕の力が足りない」とは違った見方を投げかけてみます。「もう少しで上がりそうなのに上がらないのは、本当に腕の力が足りないからかなぁ…」

「…………？」

「腕の力って、どうやったら入れやすい？」

と、教師の方からも「おたずね」をしてやります。力を込めやすい姿勢を考えさせてみたいのです。しかし、この投げかけだけでは子どもたちには伝わり切りませんから、実際にブリッジをやらせてみるのも面白いです。ブリッジが得意な子どもに実演させながら、「どうしたら力が入りやすそう」と問いかけてみます。すると、「手の先の方を見ると力が入りやすいのかなぁ」や「頭を反らせる方が、力を入れやすいと思う」などの考えが出てきます。結論は出なくてもかまいません。「みんなも、家に帰ったらどっちが力が入りやすいか、試してみてください」と、子どもたちの追究を促します。翌日の日記の中に自分が今追究している動

きでの「力の入れやすさ」のことが綴られていたり、元気調べでそのことを話す子どもが出てきたりと、子どもたちの学習生活が広がることが実感できるようになっていきます。「元気調べ」をきっかけにして、子どもたちの中に共通の関心事や話題を見つけていくことが、体育的な学習生活をひらくことにつながっていくのです。私たちの学校の「元気調べ」は、体育に限らず様々な学習生活をひらくために、とても重要な役割をしているのです。

3 〜「めあて」と「ふりかえり」

　奈良女附小では、様々な学習や活動に臨むにあたって、必ず、一人ひとりの子どもが自分の「めあて」を持ち「ふりかえり」を考えることを大切にしています。最近「めあて」「ふりかえり」は、どこの学校でも取り組まれるようになってきていますが、奈良女附小の、特に「めあて」は一般に使われている「めあて」と趣を異にしています。

🔵 主体的（自律的）な学びを育む「めあて」

　一般的に「めあて」と言えば、例えば「今日のめあては、しっかりと両腕を突っ張って、高い弧を描くブリッジに挑戦しよう」のように、その時間にみんなが取り組むべき学習課題として提示されることが多いように感じています。一方、奈良女附小の「めあて」は、自分はどのように学んだり活動したりしたいのかの見通しを持つことをさしますから、その子その子によって中身が違ってきます。仮に、先に挙げた課題（これ程絞り込んだ課題で進めることはあまりないのですが）で学習を進めるとすると、「僕は、まだしっかりと両腕を突っ張って頭を持ち上げられないから、どうしたら腕に力を入れやすいのかを考えたいです」や、「私は、今、足上げブリッジに挑戦しています。両腕をしっかり突っ張ったら、もっと高く足を上げられるかもしれないので試してみたいです」のように、その子ならではの「めあて」が生まれてくることを大切にして

いるのです。

　このような、その子ならではの「めあて」を持つことを習慣づけることが、主体的（奈良女附小では「自律的」という言葉をよく使います）な学びを育む上でとても重要だと考えているのですが、それは、単に自分自身の学びを進めることができるからという意味合いだけではありません。**自分ならではの「めあて」を持つための思考のプロセスが、自律的に学ぶことを習慣づけることにつながる**と考えているからなのです。

　その思考のプロセスとは、例えば、子どもたちが自分ならではの「めあて」を立てる時には、最初に「今から、何を学習するのか」をしっかりと捉えなければなりません。もし、「ぼくは、まだブリッジができないので、手を使わない頭ブリッジをやりたいです」のような「めあて」を立てている子がいたとすると、これから学習すべき内容「両腕をしっかり突っ張る」が捉えられていないということになります。今から自分が何について学んでいくのかということを、常に意識することを習慣づけることが大切ですし、自律的に学ぶことの第一歩になります。自分が何について学ぶのかをしっかり意識した上で次に考えなければならないのは、その課題についての自分の状況です。「両腕を突っ張って、高い弧を描くブリッジ」ということと関わって、自分はどうなのか客観視できるようになっていくことが大切です。「僕は、まだしっかりと両腕を突っ張って頭を持ち上げられないから」や「私は、今、足上げブリッジに挑戦しています。両腕をしっかり突っ張ったら…」の部分がそれです。さらに、その上で、「どうしたら腕に力を入れやすいのかを考えたいです」や「両腕をしっかり突っ張ったら、もっと高く足を上げられるかもしれないので試してみたいです」のように、自分がこれからどんなことに取り組んでいけばいいのかの見通しを持つ作業も必要になってくるのです。このような思考のプロセスを獲得していくことで、自律的に学ぶ姿勢は

一層推進されていくと考えています。

　私たちは、子どもの「めあて」を聞き取りながら様々に言葉をかけます。「私は、先生の話をよく聞いて頑張りたいです」のような「めあて」には、「どの時間でも使えるようなめあてでは困ります」とこれから何を学ぶのかをはっきりさせることを求めます。「僕は、ブリッジが上手にできるようになりたいです」という「めあて」には、「みんなが使えるめあても困りますね。あなたにしか使えないめあてを考えてください」と、その学びに向かう自分を意識した「めあて」を求めていきます。このような日々の取り組みを通して「めあて」を育て、ひいては自分自身の学びを自分で進めていこうとできる、自律的に学ぶ子どもを育てたいと願っているのです。

🔵　自分の学びの文脈を確かめる「ふりかえり」

　奈良女附小では、学習や活動を終える時に必ず「ふりかえり」をすることを習慣づけています。自分の活動や学びをふりかえることが、子どもの自律的な学びを育むことにつながると考えているからです。私たちが子どもの「ふりかえり」にかける言葉も、「めあて」にかける言葉と似ています。「今日は、いっぱい身体を動かせたので楽しかったです」のような「ふりかえり」には、「どの時間にでも使えるようなふりかえりでは困りますね」と言葉をかけますし、「私は、ブリッジをがんばりました。楽しかったです」のような「ふりかえり」には、「今日は、みんなブリッジを頑張っていましたね。自分ならではのふりかえりを考えましょう」と声をかけます。やはり、その時間の「ふりかえり」を考えることを通して、自律的な学びを育む思考を育てたいのです。

　自分の活動や学びをふりかえる時の思考では、まず「めあて」で考え

た、自分の現状をどう捉えていたのかということ、自分の学びの見通し
をどのように考えていたのかということをしっかり思い起こすことが大
切です。例えば、「僕は、まだブリッジが上がらないので、両腕をしっ
かり突っ張るために、どうしたら力が入るのかを考えました」のように
なります。そして、実際にどのように自分が取り組んだのか、その過程
をふりかえります。例えば「しっかりと力を入れるには、目をつぶって
力をふりしぼったらいいと思いました」のような内容が出てきます。さ
らに、「でも、やってみたら、あんまり力が入らずブリッジを上げるこ
とができませんでした」と、自分の学びの様子を再現するように思考が
進みます。このようにふりかえってくると、「では、これからどうする
のか」というこの先の見通しをどう持つのかも重要になってきます。時
には「どうすれば力を入れやすいのかまだわからないので、次までに考
えておきたいです」となるかもしれませんし、「やっぱり、目をつぶら
ずに力を入れたい場所を見た方がいいのかもしれません。次はしっかり
と手を見て力を入れてみたいです」と、次の学びへの見通しが出てきて
いることもあるのかもしれません。いずれにせよ、自分が何を「めあて」
にしていたのか、その「めあて」を達成するためにどうのように考え取
り組んだのか、その結果がどうであったのか、だから、これからどうし
ようと思っているのかということを考えることで、**自分の学びの文脈が
はっきりと意識されるようになっていきます。自分の学びを文脈ととも
に明確に意識することが、自律的に学ぶ生活を推し進める力になってい
く**と考えているのです。

自分の成長を自覚する「ふりかえり」

「ふりかえり」には、日々の学びや活動をその都度ふりかえるものの

ほかに、長期的なスパンで自分の成長を確かめるものがあると考えています。例えば、次に紹介するのは、体育の「運動ランド」という単元が終わった時にＹ児が綴った日記の一部です。

> 　　ぼくがこの運動ランドで変われたと思うのが「跳び箱」です。これまでは、跳び箱に向かって跳ぶのがとてもこわくて、全く無理でした。でも、ふつうに跳べている人を見ると、どうしても跳びたくなって、思い切って体を前に押し出すと…、なんと跳べたのです。ぼくに、跳び箱の楽しさを教えてくれたし、とってもいろいろな技が頭に浮かんで、三年間とっても楽しかったです。

　Ｙ児は、運動ランドの取り組みの中の「跳び箱」への挑戦をきっかけに、自分が「変われた」と捉えていることがわかります。「とてもこわくて、全く無理」と感じていた自分から、「跳び箱の楽しさ」を知ることができた自分に「変われた」と捉えているのです。Ｙ児は、私が１年生から３年生まで担任していた児童です。１年生の頃に取り組んだ「一人マット」での動きづくりにも積極的で、特にブリッジの工夫の楽しさに目覚めて取り組みを続けた子どもです。跳び箱を克服して成長できた自分と、３年間の体育学習を通して自分が様々な技への工夫を続けてきた充実感を重ね合わせている様子が伺えます。

　このように自分の成長を、長期的なスパンの「ふりかえり」の中で捉えなおすことはとても意味のあることだと考えています。自分が獲得できた力を再認識することで、その後の取り組みへの歩みに力強さが加わっていくからです。さらに、高学年になれば、もっと具体的に自分の成長の中身も分析できるようにしてやることも大切です。Ｙ児を４年生以降

は担任していないのですが、6年生の体育学習の中でもオリジナルなブリッジの動きを披露して注目を集めている児童の一人でした。彼の「ふりかえり」を私なりに推測すると「『こわくて無理』と思えたことにも挑戦し、努力できたからこそ『跳び箱の楽しさ』を知ることができた」「1年生の頃から様々な動きに工夫して取り組み続けてきた。自分ならではの動きをたくさんつくって、友だちにも感心してもらえた。そういう体育の学びだったからこそ楽しいと思えた」のような分析ができるに違いないと思っています。困難を克服することで成長できた自分や、自分の動きを様々に工夫してきた学びだからこそ楽しく思えたのだという「ふりかえり」が、その後の彼の学びを力強いものにすることに役立てられたのではないでしょうか。**単元終了後や学期や学年の終わりなどに、自分がどんな力をつけることができたのかという視点で「ふりかえり」を行うことは、自らに培われた資質・能力を意識化することに他なりません。このような「ふりかえり」を節目節目に行うことは、自律的に学ぶ「子どもの学習生活をひらく」上でとても大切**だと考えているのです。

4 ～ 「子どもが発表する機会」を大切にする

　小学校の教室には、たいていどの教室にもオルガンが備えられています。しかし、このオルガンは子どもたちが休み時間や放課後に自由に演奏することが許されないことも多いと聞きます。独楽回しやけん玉、お手玉など今自分たちが熱中している遊びも、一般的には学校に持ち込めません。夏休みの自由研究も、掲示や展示はできても発表する機会はほとんどありません。つまり、一般に学校では子どもたちが自分の生活（生活の中で何か追究していること）を発表する機会がほとんどないのです。子どもたちが、生活の中で追究を行い日々自己更新していくように育むためには、自分が追究していることを披露する場がとても重要になります。ちょっとした生活の中での頑張りを先生や友だちに認めてもらえることが、追究を続ける学習生活を築くことへの重要な足掛かりになると考えているのです。

　もちろん、子どもたちが今熱中している遊びを、そのまま学校の休み時間に続けていいとは考えていません。しかし、もう少し、子どもたちの生活の中での追究を学校生活の中で披露する場を見つけ出すことを考える必要があるのではないでしょうか。教室のオルガンで、ピアノ教室で習った曲を演奏したり「ねこふんじゃった」のような曲にチャレンジしたりできれば、それに刺激を受けて音楽的な学習生活を広げる子どもが増えていくに違いありません。自分ができるようになったけん玉の技やお手玉遊びを披露する機会があれば、友だち同士で刺激し合って、け

ん玉名人・お手玉名人も増えていくかもしれません。頑張った夏休みの自由研究を発表してみんなに感心してもらえれば、次の自由研究をもっと頑張ろうとする子どもも増えていくに違いがないのです。そういった場があってこそ子どもの日常生活が充実し、やがては学習生活の充実につながっていくと考えているのです。教室は、子どもたちの遊び場ではありませんから、家での遊びを教室に持ち込んだり自由にオルガンを弾いて騒いだりするようなことでは、教室での規律が守られないとの考えもあるのかもしれません。何の学習をしているのかわからないような自由研究の発表に、時間をかけている余裕はないのかもしれません。しかし、**はじめに学習内容ありきではなく、子どもの生活の中での追究を披露することで培われる資質・能力に目を向けて、子どもを育んでみてはどうでしょう。**子どもの学習生活は「発表（自分が追究していることをみんなに知ってもらう）」の場があってこそ充実していきます。学校生活の中に、できる限り「発表」の場をつくり出していくことが、子どもたちの学習生活を充実させるために大変重要だと考えています。

子どもの日常生活を学習の場にする「朝の会」

　奈良女附小の「朝の会」の様子は、すでに紹介しました。この「朝の会」は、子どもたちの日常生活の中での追究を発表できる大切な時間だと捉えています。特に低学年であれば、生活の中にあるちょっとした気づきを発表させ、そこから子どもたちなりの追究が生まれることを誘います。個人個人の気づきを発表させたり、誰かの気づきをきっかけに学級としての追究課題を生み出したりすることにも積極的に取り組みます。けん玉やお手玉などの遊びも自分の追究を発表する学習として教室に持ち込ませ、学級としてのルールをつくって子どもの追究が進むように導

いていきます。低学年の子どもたちの遊びは、彼らが生き生きとできる生活そのものであり学習そのものだと言えます。遊びの中にある追究の楽しさを知った子どもたちは、遊びに限らず様々な追究に没頭できるように育っていきます。「朝の会」は、その時々に学級の子どもたちが没頭できる追究の種を、みんなで見つける時間なのだとも言えるのかもしれません。

🔘 子どもの追究心にスイッチを入れる行事やイベント

　奈良女附小には、子どもの追究心にスイッチを入れる行事やイベントがたくさん用意されています。先に挙げた「低学年なかよし集会」や「高学年なかよし集会」は、その典型のひとつです。子どもたちは、保護者の方も見学に来られるこの集会での発表に向けて、個人として学級として「良い発表をしたい」という心を沸き立たせます。ですから私たちは、この集会発表を学級での学びと連動させるように取り組んでいきます。そのことによって、一人ひとりの追究をさらに深化させたり、これまでの学級としての追究内容を再構成して整理したり、より良く伝えるための表現方法を工夫したりと、通常の学習だけでは実現できない資質・能力を育む場となっていくと考えているのです。

　運動会や歩走練習（マラソン的な行事）の納会なども、ひとつの発表の場と捉えられると考えています。運動会の徒競争や競技・演技なども、「運動会」という場が設けられているからこそ、当日に至るまでの追究活動に熱が入ります。大切なのは、この発表の場が「できる・できない」等の技能面だけの評価にならないようにすることです。その競技に向けたその子なりの頑張りどころや戦術の工夫、重ねてきた追究の様子が見えるような発表の場にしていくことが重要です。一人ひとりの子どもが

「僕が頑張ってきたのは…」と自分の追究を文脈とともに語れるような取り組みにしてこそ、子どもたちの学習生活が広がっていくと考えているのです。

　保護者の方が見学に来られる行事には、子どもたちの追究心のスイッチが入りやすいのですが、必ずしも保護者の方に見ていただくことばかりが大切なわけではありません。例えば、奈良女附小では、臨海合宿での800mの遠泳があります。この「800mの遠泳」は、私たちの学校で長年取り組み続けてきている伝統行事となっています。子どもたちは毎年の水泳シーズンを、「6年生になったら臨海合宿に行って800mの遠泳に挑戦する」ことを思い描き、自分の追究を進めていきます。合宿地での行事ですから保護者の方が見学に来られるわけではありません。奈良女附小で伝統的に取り組まれている挑戦だからこそ、子どもたちの追究心にスイッチが入るのでしょう。800mの遠泳以外にも、先ほど挙げていた歩走練習の納会で5・6年生は約10kmを走り抜くことや、運動会6年生の400m走（5年…300m、4年…200m、3年…100m）など、「ああ、6年生になったら、あれに取り組むのだ」と思い描いて毎年の取り組みを進める行事が用意されています。全国的に授業時間の確保や行事の精選が進んできていますが、「主体的・対話的で深い学び」を目指すのであれば、今一度学校行事が果たす役割を見つめなおす必要があると感じているのです。

自由な追究を存分に発表できる自由研究

　訪れた小学校の廊下などに、子どもたちの夏休みの自由研究が掲示されていたりすると、その内容の面白さに引き込まれてしまうことがあります。「ああ、この自由研究を発表すれば、子どもたちは楽しいだろう

なぁ」と、想像を広げてしまいます。そして、それらの自由研究が、ただ掲示されるだけで終わってしまうことをとても残念に感じてしまうのです。自由研究の価値は、発表する機会があることで飛躍的に高まると考えています。言い換えれば、発表されなければほとんどその価値を失ってしまうと言っても過言ではないのです。自由研究を発表することの価値について、少し考えてみましょう。

　自分の研究を発表するためには、自分の研究がどういうものなのかの全体像を捉える力が必要です。その研究をどのように伝えようとするのかを見通す力も必要になるでしょう。発表への見通しが立ってくれば、伝わりやすいように工夫して発表する表現力も大切になってきます。より聞き手に興味を持たせるための演出や資料の工夫もあった方がいいでしょう。私たちの学校のように「おたずね」に対応する（質疑応答する）ことを考えれば、どのような「おたずね」が出てくるかを想定して準備する力も必要ですし、自分の研究の中心を意識し、中心に迫る「おたずね」と無関係な「おたずね」を区別できるような力も大切になってきます。総じて、各種のプレゼンテーション能力やコミュニケーション能力など、大切な資質・能力が育まれることに疑いはありません。自由研究発表は、実に多様な資質・能力を鍛錬する場となっていくのです。

　さらに、自由研究を発表するからこそ、自分ならではの追究を知ってもらいたいという気持ちが育まれます。だから、子どもたちは自律的に学ぶ態度を強くしていきます。自分がこだわりの研究を進めるだけでなく、友だちのこだわりの研究発表を聞き「おたずね」を通して深く考えますから、友だちの個性に気づきその子を深く理解することにもつながります。結果として、一人ひとりの個性が生きるようになり、学級全体に力強く自律的に学ぶ態度が培われていくと考えているのです。

各学習の中での「発表」

　ここまで、朝の会や特別な行事・イベント、自由研究など、学校での学習生活全般を見てきましたが、最も大切な「発表」の場はやはり日々の学習時間の中にあると考えています。この日々の学習時間の中での発表も、「子どもの学習生活をひらく」視点で考えれば、子どもの追究をもとにした発表にすることが肝要です。そこで、私たちが重視しているのが「独自学習」です。

　私たちは、どのような学習においても、まず子どもたちがそれぞれに自分の追究を行う「独自学習」を進めます。学級のみんなで共有している学習課題へ向けて、それぞれに自分の追究を行うのです。一人ひとりが自分なりの追究をしてこそ、それぞれの考えが生まれます。自分で追究して生み出した考えは、友だちに聞いてもらいたくなりますし、また、友だちの考えも聞いて自分の考えと照らし合わせたくなります。友だちの考えを学級全体で聞き合う中で、新たな着眼点が浮かんできたり一歩進んだ考えが生まれてきたりもします。すると、その着眼点や視点をもとに、さらなる自分の追究を進めたくなっていきます。私たちは、このような学びの構造を**「独自学習─相互学習─さらなる独自学習」**と呼んで、とても重視して日頃の学習を進めています。はじめの「独自学習」を、調べ学習を行ったことの発表のように長い時間をかけて準備することもありますし、算数でその日の問題に向かう時のように自分なりの解き方の追究として数分で取り組むこともあります。いずれにしても、独自の追究を進めているからこそ自律的に学ぶ態度が培われていきますし、自分の考えを友だちと聞き合い吟味する楽しさから、相互の追究が加速していくのだと考えています。**日々の学習時間の中に、独自に追究したことを発表する場があることが最も大切だと考えている**のです。

私が教師になりたての頃、よく先輩の先生方から「一時間の発問は、二つあれば良い」「子どもたちが多様に考えられる主発問で学習を進め、子どもたちの考えが一つの方向に集約されてきたころに、その考えを揺さぶる二つ目の発問をどうするのかを練っておくことが重要だ」と教わりました。「教師の筋書き通りに一問一答で子どもの考えを誘導していく授業では、子どもが自分の考えを発表したとは言えない」「そういう授業では、子どもが自分の考えを話しているのではなく、教師の求めている答えを子どもが忖度して話してくれているに過ぎないのだ」とも言われました。今でも、大切にしている考え方です。やはり、子どもが精一杯に自分の考えをつくり、存分に自分の主張ができるように発表させることが重要です。さらに、「めあて」「ふりかえり」などで自律的に学びを進めるための思考を育てていけば、教師の発問で学習をはじめなくても、子どもの独自学習したことの発表から学習をはじめるようになっても違和感がありません。子どもたち自身が、今からどのような独自学習を進めるのかを見通せるように育んでいくことができれば、日直や学習係が「発表してください」とそれぞれに独自学習したことの発表を促すことで、学習が進められるようになっていきます。日々の学習時間を、独自学習したことを発表することから始める学習を習慣づけていくことが大切だと考えているのです。

5 〜 日記を綴る学習生活

　「子どもの学習生活をひらく」ということとかかわって大切だなと感じていることの一つに、毎日日記を綴る生活ということがあります。

　奈良女附小の子どもたちは、入学した翌日から毎日、日記を綴る生活を6年間続けます。はじめは、絵で描いても文字で綴ってもかまいません。「ひらがなも教えていないのに日記を書かせるのはどうなのか」という批判もあることとは思います。しかし、子どもの学習生活をひらいていくということは、まず文字を教えて、それから文章の書き方を教えて、その次に日記の書き方を教えて、という順に進まなければならないということではないのです。絵で描いていた日記を文字で書いてみたいと思い、まだ覚えていない文字を使い始める子が出てきても何ら問題はありません。子どもがその時に進めたい自分の学びがあるのなら、その時に進めることが肝要です。正しい文字の書き方は、後から確かめても何の問題もないのです。

　子どもたちは毎日日記帳に向き合い、いったい何を綴れば良いのかと自分の1日の生活を思い起こす生活を続けていきます。毎日、何か題材を見つけて日記を綴り続けることは、決して簡単なことではありません。だからこそ教師は毎日その日記に目を通し、その子の文章に寄り添い一言を添えて継続することを促します。特に、入学したての子どもたちの日記は解読するだけでも大変ですから、お家の方にも協力いただきコメントを残していただくようにお願いします。その子の伝えたかったこと

がどういうことなのか、お家の方がそのことにどう感じておられるのかなど、お家の方にも寄り添ってコメントを添えていただくのです。教師は、そのコメントも読ませていただき「ああ、そういう日記だったのか」と内容を理解して言葉を添えるようにしていきます。

　毎日、自分の生活をふりかえりながら日記を綴り続けていくうちに、子どもたちは、その日の学習生活に目を向けることが増えていきます。おそらく、自律的に学ぶことを習慣づけようとする取り組みの中で、印象に残る学習も増えていくのでしょう。子どもたちが1日を思い起こす中で、そうした学習の様子も数多く想起されるようになっていくのだと思います。子どもたちは、学習時間に書いたふりかえりも思い出し、その日の学習を心の中で再構成するようになります。日記に書く文字数は、ふりかえりよりもずっと多いですから、その日の学習の文脈に触れたり自分の考えを深めたりしながら書き進めることになります。算数学習での友だちの解き方と自分の解き方の違いについて綴る子もいれば、総合的な学習の時間の話し合いで出された意見への反論を綴る子も出てきます。図画工作の作品や体育学習で取り組んでいることの思い入れや構想を綴るような子どももたくさん出てきます。**毎日日記を綴るからこそ、その日の学びについてもう一度じっくりと考えを深める学習生活が習慣づいていく**のです。そして、じっくりと1日を思い起こして深めた考えは強く意識されるようになります。すると、翌日の元気調べでそのことを話したり、学習のめあてやふりかえりにその思考が反映されたりと、さらに自律的に学ぶ学習生活が育まれていくと考えているのです。

日記から読み取る子どもの学び

　私たちは日々の子どもたちの日記に丹念に目を通し、そこに一言を添

えながら子どもの学習生活をひらこうと取り組んでいます。そして、学級の子どもたちが今どのような考えを持っているのか、どのような追究を続けようとしているのかを捉えるように努めます。子どもたちの個々の追究の様子を捉え、学級の学びの全体像を浮かび上がらせて、日々の実践に取り組んでいるのです。

　ここでは、前の章で紹介した「一人マットでの動きづくり」の取り組みを窓口に、子どもたちがどのような日記を綴ったのかを紹介し、子どもの学びについて考えていきます。

①一人ひとりがやりたいことに出会えているのか

　まず、私が子どもたちの日記から読み取りたいと思うのは、子どもたちが日々の学習で、自分がやってみたい動きに出会えているのか、その子なりの思考が働いて学習に臨んでいるのかどうかです。

　　体いく

　　　　　　　　　　　　　　　　　　　Hさん

　　今日も、体いくのときに、一人マットをつかいました。今日は、わたしは、すごいわざにちょうせんしました。そのわざの名前は、足＆手上げブリッジです。わたしは、今日は、10びょうはむりだったけど、3びょうぐらいはできたので、またいえで、とっくんしておきたいとおもっています。

　Hさんは、ブリッジで片手や片足を上げる工夫に積極的に取り組んでいた子どもです。その追究を続ける中で、「すごいわざにちょうせんしました」と書いているように、だれも挑戦していない特別な動きに出会っ

た興奮を日記に綴っていること
がわかります。ブリッジから片
手片足を上げて3秒ぐらいはで
きたことを捉え、「また、いえ
でとっくん」することでもっと
長い時間できるようになりたい
と思考が働いていることが読み
取れます。

　子どもたちの日記に綴られた記述を読んでいると、それぞれに自分の
やりたいことに出会える子どもが出てきていることがわかります。そし
て、その追究に熱中し出していますから、いろいろと思考が動き出して
いることも読み取れます。日々の日記の中に体育学習のことを綴る子は
かなりの割合を占めますから、自分のやりたいことを見つけそのことに
向かう思考が働き始めている子がどれぐらいいるのかの概要も見えてき
ます。何より、**自分自身の課題を自ら選び取る体育学習の中で、どの子
がどんな追究をしているのかを体育の時間内だけで全部把握するのは至
難の業ですから、日記に目を通しながら子どもたちの追究の様子に寄り
添っていくことも大切にしている**のです。

②自己内対話のはじまり

　自分のやりたいことに出会い、そのことに向かう思考が活発になって
くると、自然と自分の中で対話的に学びを進める子どもの姿が見えるよ
うになってきます。他の子どもの日記も紹介しながら子どもの自己内対
話について考えてみることにします。

そくてん

H 2 さん

　今日、家に帰ってくるまで、そくてんはできませんでした。まだ、きっちりとは足をあげられませんが、足をあげるのはちょっとできました。うれしかったです。次の体いくのときは、ちゃんとできるようになりたいです。コツは手をピッタリつけて、足を思いきりあげることです。気をつけていることは、足をどうじにつけないことです。そくてんをちゃんとできるようにしたいです。

　H 2 さんは、自分の現状について「そくてんはできませんでした」と認識しています。そして、その理由を「きっちりとは足をあげられなかった」としながらも、少し上げられるようになってうれしいと書いています。自分は「そくてん」ができているのかどうかを心の中で問いかけ、自分の状態を客観視しながらどこができていてどこができていないのかを捉えているのです。さらに、「手をしっかりついて足を思い切って上げるといいのではないか」「足を同時につけない（学習中に「手・手・足・足と順番につこうね」と声をかけていたことを捉えていると思われる）ようにするといいのではないか」と、現状を乗り越えるために必要なことが何かについても考えを進めていることが読み取れます。

　この日記には、自分のやりたいこと（思い描く動き）が見つけられていることと、実際の自分の姿がどうなのかを客観的に捉えようとしていること、そして、これからどうしていきたいのかを見つめ始めているところが書かれています。つまり、「自分がやりたいのはこんなことだけど、実際の自分はこうなっているなぁ。だからこうなりたいなぁ」のような

自己内対話が始まっているので
す。

　「対話的で深い学び」という
ことが言われはじめて、体育学
習の中でも「対話する」時間を
確保することが重視されている
ように感じています。ですが、
形だけ「対話」する活動を取り
入れても、それは対話的な学び

にはならないと考えています。**子どもの中に切実な自分の課題があり、**
その課題の解決へ向けた思考がはじまっていれば、友だちと対話する活
動の有無にかかわらず子ども自身の中に対話的な学びが生まれてくると
考えているのです。

③一人ひとりの子どもの中に生まれる対話的で深い学び

　子どもたちは、日々の学習について日記に綴る中で自分の中で対話す
るように思考を深めていくと考えています。それは、自分が出会った課
題を意識し、課題解決の方策をあれこれと考え、実際に試してみてさら
に方策を考えるというような問題解決的な学習生活が、日々日記を綴る
中で強化されていくからだと考えています。

　　早く回るしゅだん

　　　　　　　　　　　　　　　　　　　Ｙ２さん

　　今日は、早く回るしゅだんを考えてたいいくをします。私が
　考えたのは二つあります。それは、この前はおしりをくるっと

回して、今日は足をしゅっとしたら早く回りました。それで、でんぐりがえりをしてみたら、思ったとおり早く回れました。つぎのたいいくでは、おしりをくるっと回して足をしゅっとしたら、もっと早く回れるとおもうので、もう一回工夫を見つけて、もっと早く回りたいです。

　Ｙ２さんは、一人マットで素早くでんぐり返りを繰り返すことを課題としていました。そして、自分の運動感覚を言語表現することに取り組んでいます。Ｙ２さんによれば「おしりをくるっと回す」と素早く回転ができるようです。「足をしゅっと」というのは、でんぐり返りの後半に脚をお尻に引きつける動きを指しているのでしょう。伸ばし気味にしていた脚を素早く引きつけることで、回転の速度を上げるように取り組んでいました。そして、実際に試してみると「思ったとおり早く回れました」といいます。それで次回は、前回試した「おしりをくるっと回す」と今回試した「足をしゅっとする」を合わせると、もっと素早く回れるのではないかと思考を進めていることがわかります。

　改めて日記を読み返していると、自分の課題を追究していく時の思考はやはり対話的だなと思います。自分のやりたいことを見つめ、どうしたらできるのかを考え、実際に試してみてどうだったのかを捉え、さらにこれからやりたいことを見つめます。自分自身に問い、あれこれと答えを探すことを繰り返すのです。まさに「疑うて解くことの反復」という私たちの学習観そのものです。疑って解くことを繰り返すわけですから、自ずと対話的に学び進んでいくのです。**対話的で深い学びとは、その子の中に問いが生まれ、切実にその問いを解くことを求めて試行錯誤することで実現されていく**のだと考えているのです。

④外界の刺激と触れ合って進む対話的で深い学び

　対話的で深い学びを実現するためには、まず、一人ひとりの学びが充実することが大切だと考えています。しかし、一人ひとりの中だけで学びが収まってしまっていたのでは、やはり深まりに欠けていくことは否めません。一人ひとりの子どもの中に学びが立ち上がって、かつ、その学びと外界からの刺激を行き来してこそ、本当に学びが深まっていくのだと考えています。

　　体いく

　　　　　　　　　　　　　　　　　　　　　Tさん

　　今日、体いくの学しゅうをしました。わたしは「立ったままからブリッジをできるようになりたいです。」と、めあてをもっていました。でも、体いくの時間にはやらなかったので、ひる休みに、先生におしえてもらいました。
　　①　うしろにそって、ゆかが見えるまで手をふとももからはなさない。
　　②　ゆかが見えたら、手をのばす。
　　③　ゆっくり手をおろして、かんせい。
　　④　じっさいにやってみるとできました。またやるとき、先生のをさんこうにしてしたいです。

　外界との刺激の中で、忘れてはいけないのは教師の働きです。実は、子どもたちの日記の中に「先生に教えてもらったこと」が出てくることは、そう多くはありません。「先生がアドバイスしたからできるようになったんじゃないの」と思うこともよくありますが、子どもたちはあたかも

自分で乗り越えたかのようにその思考を日記に綴ることが多いです。実は、そういうことが大切なのだと思っています。先生のアドバイスの有無にかかわらず、懸命に考え試行錯誤

したのは子どもたち本人です。子ども自身が考え、試行錯誤して乗り越えたからこそ、その子の学びになっていくのです。教師はもちろん、様々に働いているのですが、そのことが前面に出てくる必要はないのです。

　とは言え、Tさんは先生からの刺激によって進めた学びについて綴ってくれました。**子どもの動きや思考が停滞しているとき、そこに刺激を与えてやるのは教師の大切な役割のひとつです。**例えば、その子の側に寄ってじっとその子の動きを見つめるだけでも刺激になります。見つめられているだけでも、子どもの追究が少し変わってくるものです。子ども中心の学習だからこそ、子どもの追究が進むように刺激を与えることが大切だと考えて取り組んでいるのです。

　　体いくで一人マット

　　　　　　　　　　　　　　　　　Iさん

　　今日３じかん目に体いくがあって、一人マットをしました。わたしはいまブリッジであるけるようにがんばっています。たぶんこつは足をぴんとしてむねをはったら、ブリッジであるけ

るようになるとおもいます。なぜこうおもったかというと、K
さんやM３君のを見て、足をぴんとしていたから、わたしは
コツはそれだと思いました。つぎの体いくでは、ブリッジであ
るけるようにがんばりたいです。

　Ｉさんは、ブリッジで歩けるようになることを目指して追究を続けて
いました。彼女の中の問いは、「どうしたら、うまく歩けるようになる
のだろう」ということだったと思います。そういう問いを持っていると、
周りのブリッジ歩きができている友だちのことが気になりだします。ブ
リッジ歩きが得意なKさんやM３君のブリッジ歩きを見て、どうした
らできるのかなとよく観察します。そして、「コツはそれだ」とＩさん
なりの仮説を見つけ追究が加速するのです。やはり、対話的で深い学び
は、一緒に追究を続けている友だちの姿と刺激し合うことが重要だと感
じています。**ただ、対話したり教え合ったりする時間を設定することが
大切なのではなく、その子の中に切実な問いが沸き起こることや、目指
したくなるよう
な友だちの追究
の姿に接するこ
とがあってこ
そ、深い学びが
実現されていく**
のだと考えてい
ます。

第 4 章

〜

子どもの
自律的な
学習能力を育む
運動ランド

器械運動（従来の基本の運動領域）系の学習は、体育的な学習生活を育むためのひとつの基本となるものだと考えています。自分の課題となるものを見極め、その課題を乗り越えるための方法をあれこれと考え、試行錯誤を重ねて自己更新を図る。そういった体育の学びを深めるために最も適した学習なのだと考えているのです。このような学び方は、陸上運動やボールゲームなど他の領域の学習でも同じなのですが、例えば陸上運動では競争的な要素、ボールゲームでは集団技能・コミュニケーション的な要素など、違った要素の学び方も必要となってきます。ですから、器械運動系の学習の中で、意識的に時間をかけて取り組んでいくことが大切だと考えているのです。

　器械運動系の学習というと、跳び箱・マット・鉄棒が強くイメージされますし、そのそれぞれに例示された習得すべき技がたくさんあることが連想されます。確かな学力を保障するために、これらの技を効率的に身につけさせることを目指し、技能指導を優先してしまうことも多いように感じています。ですが、知識・技能だけでなく、各種の思考力・判断力・表現力や学びに向かう力・人間性等を育むことを重視していくことが大切です。開脚跳び越しに３時間・台上前転に２時間・首跳ね跳びに２時間のように、細かく獲得すべき技能を設定して効率的に技能を教えるのではなく、これらの時間をまとめ、ゆったりと長い時間をかけて、子どもの学びを育むような学習を大切にしたいと考えているのです。

　私がこれまでに実践してきた運動ランドの学習は、跳び箱やマット、鉄棒、平均台、はしごなど、多様な器械・器具を用いて総合的に運動能力を高めようとする学習です。跳び箱の開脚跳び越しができるかどうかだけにとらわれることなく、自由に自分のやりたい動きに取り組み、総合的に運動感覚を養ったり各種の技能を身につけたりする体育的な資質・能力を磨くことができると考え、実践を重ねてきています。

1～ 1年生の運動ランド

　運動ランドの学習は、10時間以上の計画で取り組むことが多いです。
例えば1年生の指導目標を一人ひとりが自分のやりたいことを見つけ、
存分に工夫して運動することの楽しさを味わいながら動きを高めること
のできる学習を実現するために、

(1) 学級で相談しながら、使いたい道具や配置を考えたり、実際に動
　　いてみて使う道具や置き方を工夫し改造したりできるようにする。
(2) 道具に合わせて動きを工夫したり、今までできなかった動きに挑
　　戦したりして運動を楽しみ、自分の動きを高めることができるよ
　　うにする。
(3) 学級全体で準備の仕方を考えたり、3人組で協力して準備や運動
　　ができたりするとともに、友だちの動きの良さに気づき自分の工
　　夫に取り入れることができるようにする。

　このように考えて、運動ランドの学習に取り組みました。
その指導計画は、

第一次　やってみたい動きや使いたい道具、準備の仕方などを考え合
　　　　い、動きづくりに挑戦する。（3時間）
第二次　第一次で試した動きに工夫を加えたり、新しい技に挑戦した

りしながら、自分自身の動きを高めていく。（5時間）

第三次 これまでの学習で見つけた動きを発表し合い、友だちの動きの工夫や良さを認め合いながら、さらに自分の動きを工夫する。（3時間）

として学習を進めています。1年生の体育学習は、週あたり2時間で進めていましたから、総時間数10時間となると1か月以上かけてじっくりと取り組むことになります。どんな道具を使いたいのか、どのように準備すれば楽しい体育学習が実現できるのかということについても、子どもたちと一緒に自分たちならではの学習をつくるということを大切にして進めました。

準備や片付けも、みんなで考えて

　小学校に入学してきたばかりの子どもたちは、それぞれに違った環境で育ってきています。運動経験の違いも大きく、できることや運動に対する姿勢なども個人によりまちまちです。そのため、できないと思い込んでいることが、実はやったことがなかっただけですぐにできるようになってしまうことも往々にして起こってきます。だからこそ、この時期の子どもたちにはとにかく多種多様な運動に挑戦できる場を準備し、様々な運動感覚をひらく学習を実現していくことが、とても大切だと考えているのです。

　子どもたちにとって小学校にある器械・器具は、今までにあったものとは違った特別なものに感じられますから、新しい道具に出会う機会を捉えて、正しい準備や片付けの仕方も考え合い、学習を進めていくようにしています。

例えば、

📢「T：今日は、体育館の中に鉄棒をつくってみようと思います」

ええっ？

体育館に鉄棒をつくるの？

やりたい、やりたい！

📢「T：でもね、ちょっと心配なことがあります。もしかしたら、1
　　　年生には重すぎて、準備ができないかもしれないのです」

できる、できる。先生、1年生だってできるでぇ。力あるもん。

📢「T：うん、そうやなぁ。力があっても、こんなふうに持ったら、
　　　危ないね」

〈支柱の中央を持ち、後ろを振り向き、支柱を振り回して見せます〉

📢「T：なっ。危ないやろう。この支柱、どう持ったらいい？」

　問いかけながら、安全な道具の運び方を子どもたちに意識させていき
ます。
　子どもたちと確認し合うことは、次のような点です。

- 支柱・鉄棒ともに、3人組（時に2人組）で持つ。
- 必ず支柱・鉄棒の両端を持ち、3人目が真ん中を持つ。
- 支柱・鉄棒は肩にはかつがず、腰の高さに持つ。
- 3人組で順番に並び、先生に支柱・鉄棒を渡してもらう。

　支柱・鉄棒の両端を一人ずつが持てば、振り回すこともなくなりますし、腰の高さで持っていれば棒の端が頭や顔に当たることもないはずです。きちんと順番に並ぶ習慣をつけておけば、接触して転倒する危険も少なくなるでしょう。支柱・鉄棒を渡す際に、設置する順序を確認するとともに、きちんと安全な持ち方ができているかも確かめ、安全への意識を高めていくようにします。子どもたちと一緒に、安全で効率よく準備ができる方法を確かめることが大切だと考えているのです。このような準備をして使える鉄棒は、子どもたちにとって特別な道具になっていきます。

3人組で鉄棒を運んでいます

横の棒

奥の倉庫の中で、教師が安全を確かめ、鉄棒を手渡しています

支柱

鉄棒の動きを広げる

　子どもたちにとって、体育館に自分たちで設置した鉄棒は特別な道具に感じられますから、普段以上に鉄棒に向かう姿勢も前向きになります。この特別な鉄棒に向かって、前回りや逆上がりなどの特定の技の習得に向かうというよりも、子どもたちの様々な工夫を引き出すように指導し

ていきます。子どもたちと一緒に取り組んだ主な動きを書き上げてみます。

> 鉄棒に跳びつく、両腕で体を支える（ツバメ）、下半身を振り出す、体を振り後ろに跳ぶ、布団干し、前回り降り、逆上がり、連続逆上がり（地面で足を1・2とつく、一足跳びのようにつく、片足だけでつく等）、足抜きまわり、鉄棒にしがみつく（豚の丸焼き、ナマケモノ）、コウモリぶら下がり、コウモリ振り、コウモリ→逆立ち降り…。

　例えば、鉄棒に跳びつきツバメのポーズをしている子どもに向かって、「おっ、鉄棒に跳びついたぞ。おお、両腕でしっかり体を支えている。安定してるなぁ」と声をかけます。そして「どうしたら安定するんやろう？」などと尋ねてみます。「そうか、手首を返して腕をしっかり突っ張ってるのか！」などとやり取りをしていますと、周りの子どもたちも「先生、僕もできるで」「私もできる」とやって見せてくれますから、「ああ、背筋を伸ばして胸を張るとかっこいいなぁ」「お腹の下に鉄棒をあてて、膝を出して鉄棒を挟むようにするんやな」のように、教師が考えているポイントも意識させるようにしていきます。

　さらに、「そこから、どうする？」と問いかけますと、ある子どもは布団干しのようにぶら下がりますし、ある子どもは下半身を振り出す動きを繰り返し

ます。「うわぁ、鉄棒にお布団を干したみたいや。手を放しても怖くないの？」「おお、お腹で鉄棒を押して、ばねみたいに足を振り上げているぞ！」のように、子どもたちの動きが広がるように声をかけていきます。

　このように、子どもたちの動きを見つめ、様々に声をかけて回ります。声をかけるときに心がけているのは、**その子の動きの中にある追究に値するものを見つけ出そうとすること**でしょうか。「ただのツバメのポーズに見えていたけれど、ポイントを意識すると意外に難しいぞ。ぼくはうまくできるかなぁ」「ツバメのポーズからできる動きをたくさん見つけてみたい。みんなが驚く工夫を見つけるぞ」と、追究心が掻き立てられるように刺激を与えることを心がけているのです。その中には、もちろん教師が経験させたいと思っている動きやポイントもありますが、より大切にしているのはその子の動きの中にある価値を見出してやることです。ですから、ここに書き出してみた動きも、教師が意図して取り組ませたものではありません。子どもたちから出てきた動きに声をかける中で、子どもたちの追究がつながっていったものを思い起こして書き出したものになっています。このように例示されると、取り組むべきものの一覧のように見えてしまいますが、決して子どもたちすべてに取り組ませるべきだと考えているわけではありません。

🧢　鉄棒だけではさみしいね

　このような取り組みを通して、子どもたちが鉄棒での動きづくりに熱中してくれたとしても、１年生の子どもたちに１時間鉄棒だけに熱中させることには無理があります。今できない動きを１時間練習したからといって、簡単にできるようになるわけでもありません。むしろ、数回ず

つの練習でも繰り返してやっていれば、ある時ぱっとできるようになることも多いものです。ですから、ある程度鉄棒での動きづくりを続けた後、少し熱中度が落ちてきたと思われる時点で、「鉄棒も面白いけれど、鉄棒だけではさみしいね」と、子どもたちに投げかけてみます。そして、鉄棒の他にすぐに準備できる道具を考え合ってみます。

　例えば、子どもたちと相談して鉄棒の前に、細マットを置いてみることにしました。そこで、「今から、鉄棒で自分の動きをやったら、細マットまで行って新しい動きを工夫します。そして、向こうにあるろくぼくに登ってまた何か動きを工夫します。それが終わったら戻ってきて列の後ろに並びましょう」と、鉄棒→細マット→ろくぼくの3つの道具で動きを工夫するように提案します。初めての細長いマットやろくぼくという道具に、ワクワクしながらも戸惑う子どもたちの動きをじっと見つめ、「さあ、どんな動きをする？」と声をかけます。「うわあ、この子は細マットをひざだけで歩いているぞ」「この子は、赤ちゃんのハイハイや。速い速い」などと、様々な動きを引き出すように学習を進めます。このように、道具を少し増やしながらも、それぞれの道具で動きを工夫する学習を始めます。そして、鉄棒とろくぼくの間に並べる道具をみんなで考

え合いながら、１年生の子どもたちの運動ランドの学習をつくっていくのです。

🌓 １年生の子どもたちとつくった運動ランドのコース

　１年生の子どもたちと考え合ってつくったコースの図を次ページに紹介しておきます。

　この図について、少し説明をしておきます。コースは同じコース６つでできています。子どもたちが６班に分かれて学習を進めるのです。それぞれのコースは、一番上の鉄棒で動きをつくり進行方向右側の行きコースへと進みます。平均台マットを渡り、細マット２枚連続のところで動きをつくりろくぼくへと向かいます。ろくぼくでの動きをつくった後は、やはり進行方向右側の帰りコースへと進みます。はしごでの動きを工夫した後、平均台でも動きを工夫して戻るコースです。

　一番上の鉄棒のところの〇数字は、準備をする子どもたちの番号を表しています。３人組の①番から⑫番までの子どもたちが、鉄棒の支柱や横の棒を運んできます。最後の支柱を先生が運び、全部の鉄棒の安全を確認して設置します。先生が鉄棒の設置をしている間に、子どもたちは他の道具の準備に向かいます。オレンジ・あか（ビブスでチームの色を決めています）のチームは、鉄棒を置いた後①はしご②細マット③平均台の順に道具を運びます。水いろ・あおチームは、①細マット②平均台③はしご、きいろ・みどりチームは、①平均台②はしご③細マットの順に道具を運びます。残りの平均台マットは、混雑の具合を見て臨機応変に判断して準備を進めます。子どもたちと、準備や片付けの仕方も考え合いながら学習を進めるようにしているのです。

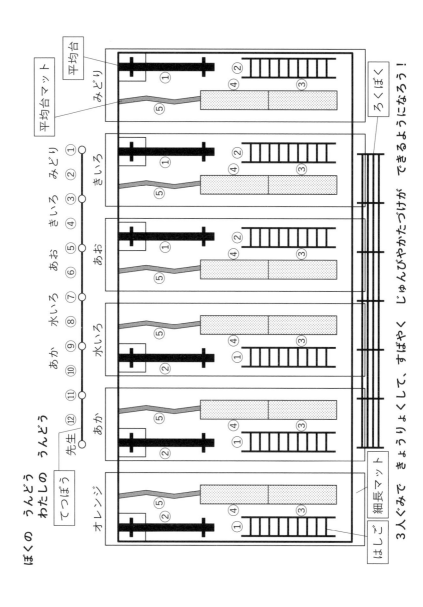

ぼくの うんどう
わたしの うんどう

平均台マット
平均台

平均台マット

てつぼう

ろくぼく

はしご 細長マット

3人ぐみで きょうりょくして、すばやく じゅんびやかたづけが できるようになろう!

運動ランドで育む運動感覚

　近年の１年生の子どもたちは、私たちが思っている以上に経験したことのない動きが多くなってきていることを感じています。例えば、鉄棒の前回り降りができないという子どもが、思った以上に多い年があります。「〇〇君は前回りをやったぞ。みんなも挑戦してみよう」と、子どもたちを誘っても怖がってやろうとしない子どもが結構いたりするのです。ところが、怖がっている子どもに鉄棒を絶対に離さないことを約束させ、「先生が絶対落ちないように支えてあげるからね」と、体を支えて回らせてやると簡単にできてしまいます。しかも、本人は大感激で、「先生に教えてもらったおかげでできるようになった」と、こちらが恐縮してしまうぐらい喜んでくれるのです。つまり、このような子どもは、単に前回りという運動の経験が少ないだけで、「できない」と思い込んでいるのだと思われます。また、教師が手助けしてもできない一部の子どもたちは、お尻よりも頭が下になる逆さ感覚が身についていないことが多いようです。そういった子は、鉄棒に「洗濯物のようにぶら下がる」ことさえも怖がってできません。無理に頭を下げさせようとしても、硬直したように体に力を入れて突っ張ってしまいできないのです。このような子どもには無理をさせず、逆さになる運動を数多く経験させて逆さ感覚をつけさせ乗り越えさせることが大切です。

　このようなことから、特に低学年の子どもたちには、多種多様な運動を経験させ各種の運動感覚を培っていくことが大切だと考えているのです。

　ここでは、１年生の運動ランドの学習で見られた、子どものたちの主な動きとそこで培われる運動感覚について考えてみたいと思います。

鉄棒での運動

　鉄棒に跳びつく、両腕で体を支える（ツバメ）、下半身を振り出す、体を振り後ろに跳ぶ、布団干し、前回り降り、逆上がり、連続逆上がり（地面で足を１・２とつく、一足跳びのようにつく、片足だけでつく等）、足抜きまわり、鉄棒にしがみつく（豚の丸焼き、ナマケモノ）、コウモリぶら下がり、コウモリ振り、コウモリ→逆立ち降り…。

　これらの動きを経験することで、両腕を伸ばして体を支える感覚や、鉄棒をしっかり握ってぶら下がる感覚、お尻よりも頭が下になる感覚、反動をつけて体をゆする感覚などが磨かれていきます。

跳び箱での運動

　走ってきて跳び箱に跳びつく、跳び箱に跳び乗る、跳び箱の上からジャンプして降りる、跳び箱の上から逆さになりでんぐり返りで降りる、開脚跳び越しをし着地とともに前転する…。

　これらの動きでは、リズムよく走り、両足で踏み切る感覚、両腕で体を支え引き上げる感覚、高いところから柔らかく跳び降りる感覚、逆さ感覚、跳び箱の上から逆さに床に手を着き同時に体を丸めてでんぐり返りをする協調的な運動感覚、開脚跳びで着地すると同時に前転に移る協調的な運動感覚などが磨かれていきます。

マットでの運動

　四つ足で歩く、腰を高く上げて四足で跳ねる、えんぴつ転がり、でんぐり返り、後ろでんぐり返り、側転、ブリッジ、ブリッジ歩き、膝歩き、仰向け四つ足歩き（お尻を高く上げて）…。

　前後左右など様々な方向の回転感覚、両腕で体重を支え運動する感覚、身体の柔軟性を発揮する運動感覚、バランスをとって膝で歩いたり匍匐前進のように筋力を使って移動したりする感覚などが磨かれていきます。

ろくぼくでの運動

　ろくぼくを登る、ぶら下がる、高いところで座る、足や手を離してバランスをとる、ぶらぶらとゆれる、逆さまにぶら下がる、床に手をついて逆立ちになる、高いところから柔らかく跳び降りる…。

　高いところに登る感覚、高いところで座ったり逆さになったりする感覚（昔の子どもの木登り遊び）、逆さ感覚、柔らかく跳び降りる感覚などが磨かれます。

はしごでの運動

　はしごを歩いて渡る、後ろ歩きで渡る、四つ足で渡る（足を上げて渡る、伸ばして渡る）、仰向けで渡る、けんけんで渡る、つま先・土踏まず・か
かとで渡る、横の枠だけを渡る、はしごの
中や外をグーパー等ステップで移動する、
ブリッジで渡る…。

　両手を開いてバランスをとる感覚、手足
に力を入れてバランスをとる感覚（四つ足）、
腰を高く上げて逆さになる感覚、足を置く
場所や順番を決めたステップで考えた通り
に体を操作する感覚などが磨かれていきます。

平均台での運動

　歩く、けんけんやステップで渡る、白鳥のように渡る、カニ歩きや回
転で渡る、四つ足で渡る、膝をついて渡る、お腹で滑る（手の力・足の
力で進む）、仰向けで進む、ぶら下がって進む、跳び箱のように手をつい
て左右に跳びながら進む。地面に手をついて足を平均台に乗せて進む…。

　両手を開いてバランスをとる感覚、手足に力を入れてバランスをとる
感覚（四つ足）、腰を高く上げて逆さになる感覚、手足でぶら下がり移
動する感覚、ふわっと柔らかく
跳び降りる感覚などが磨かれて
いきます。

　ここに例示したような運動感
覚は、子どもたちの動きの中に
表れる良さに着目し、子どもた

ちの追究を引き出すように取り組む中で見つけ出したものです。教師が子ども一人ひとりの動きの中にある良さに気づき、その良さを言葉にして伝えながら子どもたちの追究を誘うように取り組んできたのです。

🔵　1年生の子どもの自律的な学び

　1年生の子どもたちは、多かれ少なかれ、初めての動きに戸惑ったり難しさを感じたりしながら、運動に取り組んでいきます。そして、種々の運動の経験を増やしながら、確実に運動感覚を磨いていきます。体育の学習があった日の日記に

　　　私は、へいきんだいで4本足どうぶつをしました。へいきんだいに立つと、足がふるえておちそうになってこわかったです。だから4本足どうぶつにしました。つぎは、ふるえないようにしたいです。
（Mさん）

と書いたMさんは、2回後の体育学習の時には、するすると、立って平均台を渡れるようになっていました。平均台に限らず、ろくぼくに登ることを怖がっていた子が平気で登れるようになったり、平均台にぶら下がって渡ろうとしても力が足りなかった子が、最後までぶら下がって渡りきれるようになったり、でんぐり返りで真っ直ぐに回れるようになったり…。多種多様な動きに挑戦した分だけ、運動感覚が磨かれていくのが1年生の子どもたちなのです。

　こうして、様々な動きに挑戦し自信を深めた子どもたちは、自分でどんな運動をしたいのかを探し出し、さらには自分で自分の課題を見つけたり、自分の動きを分析的に考えたりする力も磨いていきます。

> 　カエルジャンプをしてまえまわりをするとき、こしがうく、
> ということがあって、ぼくは、そのくふうをした。さいごのジャ
> ンプのときに、せなかをまるめてだんごむしになったら、こし
> がうかなくなりました。
> 　　　　　　　　　　　　　　　　　　　　　　　（〇君）

　〇君は、マットでカエルジャンプした後、前転をすると背中を打ってしまうという課題を捉えています。そして、背中をだんご虫のように丸めると打たなくなったと、課題解決への道筋まで意識できていることが読み取れます。ここまで書ける子は多くないのですが、自分にまだできていないことを意識し、コツとかポイントというような言葉とともに、自分の動きを改善していく道のりを意識する子どもも出てきます。

　低学年の子どもたちの運動遊びは、まず、夢中になって全力で取り組めることが大切だと考えています。そして、夢中になっている子は、今できることばかりを繰り返しはしません。必ず、今できることをやりながら、何か別の工夫を探していくのです。友だちの動きからヒントを得たり、動物や忍者のイメージで発想したり、自分なりの人とは違う工夫を見つけたりしようとします。そうすることが面白いし、だからこそ学びに熱中していきます。そして、徐々に、自分の動きを見つめ、分析的に考え、動きを進化させるための試行錯誤にも取り組むようになっていくのです。

　私たちが目指す学習は、**子どもが夢中になって遊ぶことのできる学習**です。つまり、教師から与えられた課題をこなすのではなく、**自分でやりたいことを見つけ、考え、本気で乗り越えようと取り組む学習**なのだと考えているのです。

2～ 2年生の運動ランド

🧢 2年生以降の体育学習の構想

　子どもたちが2年生に進級する時点で、1年生の運動ランドの学習を通して自分のやりたい動きを見つけ、自分の動きを高めることを楽しいと感じてくれる子どもが増えてきたと感じていました。このような子どもたちに、もっと運動ランドの学習を楽しいと感じ、自分たちならではの学習だと、愛着をもって学習に臨んでくれるようになることを願い、2年生以降の体育学習の構想を練っていきました。

　2年生から3年生へかけての体育学習では、動きづくり（かつての基本の運動領域）とゲームが両輪になると考えています。
　動きづくりには、体つくりの運動、器械・器具を使った運動、走・跳の運動などの運動遊びなどがあります。これらの運動遊びは、ここからは体つくりの運動、ここからが走・跳の運動と区別して細切れに取り組むのではなく、運動ランドのような総合的な環境をつくって時間をかけて子どもの学びを育むように取り組むことが大切だと考えて構想を進めました。
　ゲーム領域の学習は、子どもたちとルールを考え合いながらリレー遊びに取り組みたいと考えました。動きづくりでつくった動きの要素も生かしてリレー遊びを考え、そのルールを守ってリレー遊びを楽しむこと

を大切にします。また、ボール運動の基礎となる動きを身につけさせておく意味でも、ボールを使った動きづくりに取り組み、ボール操作を伴うリレー遊びにも取り組んでいきたいと考えていました。

特別なアイテム

このような体育の学習を、自分たちならではの愛着のある学習として熱中できるものにすることを考え、他のどこにもないアイテムを製作することを進めました。

実際につくったアイテムが右下の写真❷です。鉄パイプでつくった直方体の骨組みの側面に、段ボールと透明シートを貼り付けています。ボールを使っての動きづくりやボールゲームの学習では、正面の丸い穴を的にしたり上部の四角い穴をゴール（バスケットのシュートのイメージ）にしたり、側面全体を的にしたりと、多様な使い方ができそうです。運動ランドの学習では、横に倒してトンネルとして用いることで、これまでのコースにはなかった楽しみ方が実現できるとともに、自分たちだけの特別な運動ランドのコースをつくり上げることで、より愛着のある学習として熱中してくれることを願いました。

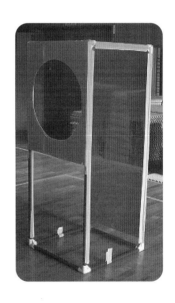

２年生の運動ランドの構想

　作成したアイテムを、リレー遊びやボール運動につながるゲーム領域で活用する一方、器械運動系の領域でもこのアイテムをうまく利用して、子どもたちの学びを活性化したいと構想していました。

　１年生の体育学習を通して、自分のやりたい動きを見つけ自分の動きを高める体育学習を楽しいと感じてくれるようになってきた子どもたちに、さらに体育学習の楽しさを感じ、自分たちならではの学習だと愛着を持ってほしいと願っていました。準備したアイテムは、横に倒してトンネルとして使うことを想定してつくりました。鉄棒や平均台やはしごやマットなどの道具の中に、新しい他にはないトンネルの楽しさが加わるのです。子どもたちにとって、トンネルという狭い空間の中で自分だけの動きをつくっていくことは、何か秘密の空間での冒険のようにも感じられるのではないかとも思っていました。

　実際の子どもたちの動きをみ

ていると、トンネルの中をはって進む子どもや腕の力だけで進む子ども、前後のでんぐり返しだけでなく、丸くなって横向きに転がる子ども、中にはトンネルをブリッジで進む子どもなどもたくさん出てきていました。トンネルの中での前後のでんぐり返しでは、うまく体を丸めて足を畳まないと天井や支柱に足をぶつけてしまいます。

　　私が運動ランドでおもしろかったことは、平きん台やはしごとかで、いろいろな技を一生けんめい考えるのがとてもおもしろかったです。なぜなら、考えているとウキウキして、みんなにできないわざをしようと考えると、とってもおもしろいからです。

　単元終了後の日記に、このように綴る子どもも多く出てきていました。運動が得意かどうかにかかわらず、2年生の運動ランドの学習を心から楽しんでくれている様子が読み取れます。新しいアイテムも追加してみんなでつくった運動ランドの学習で、一人ひとりの発想が生かされ精一杯に工夫したり努力したりする学習が実現できたからこそ、楽しいと感じてくれたのだと思っています。
　運動ランドの学習が、子どもたちにとって自分たちならではの愛着のある学習となることを願って、特別なアイテムもつくって構想を進めていきました。とは言え、運動ランドの学習は特別なアイテムだけに左右されるものではありません。子どもたちが35人いれば35通りの学び方ができるような多様な運動の場を準備し、子どもたち一人ひとりが自分のイメージを持って運動に熱中し、試行錯誤を繰り返して自分の願いを実現していけるような学習にすることを願って取り組んだ学習です。
　その運動ランドの学習での、2年生の様子を紹介していこうと思います。

2年生の運動ランドのコース

　2年生の運動ランドのコースは、1年生の時のものよりトンネルや細長マットなどの道具が増えています。行きコースは、鉄棒からスタートして平均台・細長マット・はしごと進んだ後、ろくぼくでの動きをつくって折り返します。帰りコースは、トンネルの中を通り抜ける細長マット2枚・跳び箱・太マットと動きを続けて戻ってきます。1年生のときに運動ランドの学習を経験してきている子どもたちは、学習がはじまるとすぐに、自分なりの工夫を楽しんだり、新しい動きに挑戦しようと取り組んだり、どうすればやりやすいのか運動のコツを考えたりする学びが動き始めていました。

　子どもたちと話し合いながらコースをつくっていくことを大切にしていますが、子どもの思いのすべてを実現していくわけではありません。例えば、子どもたちはコースの中にフラフープやボールを配置したがったりします。しかし、そのアイディアをそのまま生かしたのでは安全の確保が難しくなります。ボールを踏んで転んだり、隣のコースの子にフラフープをぶつけたりすることも考えられるのです。

　跳び箱の段数なども、本当に必要な高さを考えることが大切です。跳べるようになった子どもがより高い跳び箱に向かいたがるのは当然ですが、高さだけを求めると安全が保障できないばかりでなく、まだ跳べない子の学びの場がなくなります。

　そういったことを、子どもたちとも話し合い、子どもと教師とで場づくりをしていくことが大切なのです。

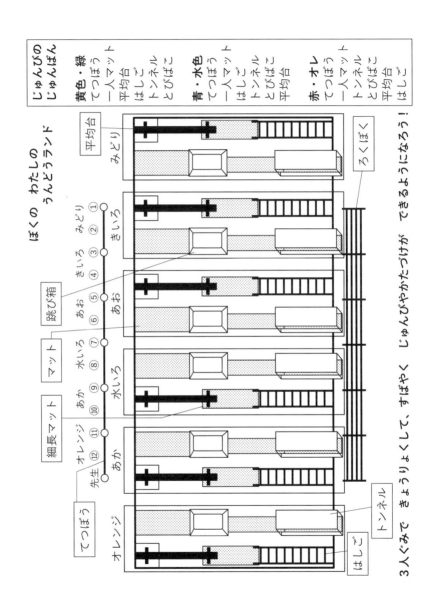

ぼくの わたしの
うんどうランド

3人ぐみで　きょうりょくして、すばやく　じゅんびやかたづけが　できるようになろう！

日記から拾い出した子どもの思い

　運動ランドの２時間目の学習があった日の日記の中から、子どもたちが運動ランドでどのようなことを自分の学びとしているのかを拾い出してみます。

　運動ランドの学習は、単発の跳び箱やマットの学習とは違い、たくさんの道具が連なっているため、子どもたちの多様な工夫が出てきやすい学習となっています。

〇自分なりの工夫を見つけた子ども
・跳び箱の上にのって、ジャンプして着地して、すぐでんぐり返りというのをやりました。（Ｙ２さん）
・跳び箱を跳んで、空中で頭をマットに向けて、足がついたら超高速で前回りをする技です。（Ｍ君）

　子どもたちは、動きを連続させることで生まれる工夫について書いています。

　Ｙ２さんとＭ君は、跳び箱を越える動きとマットでの動きを連続させる工夫をしています。Ｙ２さんは、単なる跳び箱の上からジャンプするという動きに、着地して直ぐにでんぐり返りをするという付加価値をつけています。Ｍ君は、開脚跳び越しの終盤に次のでんぐり返りのための準備の動きを連動させるという工夫をしています。いずれも、単発の動きであれば「できる・できない」だけの要素の学びになってしまうのですが、多様な価値観の学びが実現されていることが読み取れます。

　運動ランドの学習では、**多様な道具を使うことや動きを連続させやすい場を設定することで、子どもの創意を引き出すことができる**のだと考

えているのです。

〇難しいことや挑戦したいことを見つけている子ども
・前回りでちゃく地して、2・3歩後ろに下がった後またやります。むずかしいところは、目が回るところです。れんぞくで十回ぐらいできました。でも、その後がきついです。今度は、もう少しきろくをのばしたいです。（Hさん）
・平きん台の工夫は、横向きにすわって真ん中で反対に方向てんかんをすることです。方向てんかんの時にむずかしくて落ちてしまうことが多かったです。（Sさん）

　様々な道具に向かって自分の創意を生かせる運動ランドの学習で、自分のやりたいことを見つけてその学びに熱中できるようになってくると、自ずと新しい挑戦に向かう子どもも多く出てきます。自分のできることばかりに取り組んでいたのでは、本当に楽しいとは言えないからです。
　Hさんは、やはり鉄棒の前回りを連続することに取り組んでいます。10回連続してできてもそこで満足していません。「その後がきついです」と、さらに回数を伸ばすことに向かっています。まさに、できることばかりに取り組んでいては面白くないから、できないことに挑戦しようと取り組んでいるのです。
　Sさんは、おそらく平均台に腰かけて、横に進んでいくだけでは面白くないと感じたのでしょう。だから、途中で向きを変えようとしています。「右ができたら左、前ができたら後ろ」

の発想もあったのかもしれません。ところが、平均台に腰かけて向きを変えようとすると、座ったまま足を平均台の上に上げて反対側に投げ出さなければなりません。この時にバランスが崩れて落ちてしまうというのです。これは難しい。だからやりがいがあるのです。こうして、難しいことや挑戦したいことを見つけると、当然どうしたらできるのだろうという思考が始まっていきます。

> ○やりやすい方法やコツを考え始めている子ども
> ・平均台の技は、さいしょはまっすぐでとちゅうから横に回転する技です。バランスがいるので、ひざを曲げるとバランスがとりやすいです。（Y君）
> ・「かかと平きん台わたり」がむずかしかったです。かかとでわたらないといけないからです。ぐらぐらして、前にたおれてしまいます。だから、手を広げて体でバランスをとります。まだ（工夫が）足りないので、もっといっぱい工夫をしたいです。（T君）

　Y君とT君は、同じように平均台のバランスのとり方について書いています。平均台でのバランスといえば、T君が言うようにまず両手を広げることを考えますが、T君はそれだけでは足りないと考えています。つま先立ちならまだバランスがとりやすいのですが、かかとだけで渡ろうとするとさらにバランスが難しくなるのです。Y君は、平均台を渡りながらぐるぐると回転する中で、バランスをとろうとしています。そしてそれには、「膝を曲げるとバランスがとりやすい」と言うのです。私も実際に試してみましたが、確かに重心を少し下げるとバランスがとりやすいように感じました。私自身には、膝を曲げるとバランスがとりや

すいという認識がなかっただけに、なるほどと感心しました。

　こうして見てくると、２年生の子どもと言えども、鋭く運動感覚を捉えたり運動のコツを考えたりすることができ始めることがわかります。自分自身のやりたいことを見つけ、より難しいことに挑戦し熱中していくからこそ、主体的に考えを深めていくのだと考えています。もちろん、まだまだ一部の子どもたちなのですが、こういった思考を大切に育んでいきたいと考えているのです。

⬛ 「めあて」「ふりかえり」で思考力を育む

　子どもの思考を育もうとする時、私たちの学校では「めあて」や「ふりかえり」を大切にしていることは前の章でも触れました。前の章では、子どもが発表した「めあて」や「ふりかえり」に教師が言葉をかけることで、思考を高めようと取り組んでいることについて述べました。ここでは、体育学習の「めあて」や「ふりかえり」を子どもに綴らせる中で、どのように思考を育もうと取り組んでいるのか、その様子を紹介しておきたいと思います。

　体育学習の「めあて」や「ふりかえり」を、いくつかの項目について５段階で自己評価するように取り組まれていることを見かけます。「精一杯がんばれたか」「友だちと協力して学習を進めたか」など、いくつかの項目を定めて５段階のどれかに〇をつける方法です。運動量をしっかり確保したい体育学習ですから、短時間で確実に「ふりかえり」ができるよう考えられているのだと思います。しかし、体育学習を通しての思考を育んだり、子どもの中に体育学習の文脈ができあがったりするように進めるためには、やはり文章で記述する「めあて」や「ふりかえり」を大切にしたいものです。次頁の写真が、私がよく取り組ませる「めあ

て」「ふりかえり」の用紙です。学年にもよりますが、「めあて」「ふりかえり」にそれぞれ数行ずつ書き込めるようにつくっています。単元ごとに画用紙で表紙をつくり、この用紙を貼り付けて使うようにしています。体育学習の中だけでは時間確保が難しいので、給食の準備を待つ時間や帰りの会や家庭学習など、ちょっとした時間を見つけて取り組んでいます。体育ノートをつくらずこのような用紙を使っているのは、子どもたちの「めあて」「ふりかえり」に目を通すため、全員分持ち帰ってもかさ張らない良さを感じているからです。子どもたちが文章で記述した「めあて」「ふりかえり」に目を通し、下線を引いたり書き込みをしたりすることで、子どもの思考を育んでいきたいと考えています。

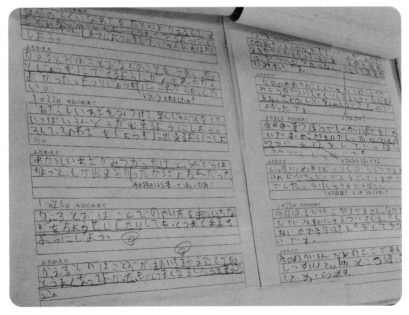

その子ならではの具体的な思考を引き出すコメント

　「めあて」「ふりかえり」を文章で綴らせると、はじめの頃は「今日は、準備を早くしてたくさん運動したいです」や「今日は、いっぱい運動ができて楽しかったです」のように、運動や学びへの記述が具体性に欠けることがよくあります。まだ、自分がこだわりたい動きや工夫している動きを見つけられていないから書けない。そういう子どもがいる一方で、こだわった動きや工夫している動きがあるのに、そのことが文章になって表れてこないという子もいます。いずれにしても「自分がやってみたいと思う動きは何だろう」「一番やっていて楽しい動きはどんな動きだろう」と、漠然と取り組んでいる動きのどこにこだわりや楽しさがあるのかに着目させることが大切です。そして、文章に綴ることを通して自分がやろうとしていることに着目して考えてみることが重要なのだと考えています。ですから、「やってみたい動きは見つけられましたか」「一番楽しいと思った動きは何ですか」のようにコメントを添えるようにしています。たくさん取り組んだ動きの中から一つの動きに焦点化して考えさせることで、その子ならではの具体的な思考を引き出したいと考えているのです。

 その子の動きのイメージや文脈を豊かにさせるコメント

　学習が進んでいくと、「めあて」や「ふりかえり」に、自分が取り組んでいる動きに名前をつけて書く子どもが出てきます。例えば「ぼくは、**芋虫でんぐり返し**をやりたいです」と「めあて」に書いたり、「**平きん台ぴょんぴょんやはしごの上けんけん**ができたのでよかったです」と「ふりかえり」に書いたりするのです。自分で名前を付けているぐらいです

から、自分なりの動きを工夫することを楽しみ始めていることがわかります。せっかくですから、さらにその動きのイメージや文脈が豊かになることを願い、コメントを添えるようにします。

　「平きん台ぴょんぴょん」や「はしごの上けんけん」は、名前から動きが類推できるのですが、「芋虫でんぐり返し」がどんな動きなのかよくわかりません。ですから、「芋虫でんぐり返し」にアンダーラインを引いて、「いったいどんな動きですか」と書き込みます。自分がやろうとしているのがどんな動きなのかを、具体的に意識させるコメントです。「ふりかえり」に書かれていた「平きん台ぴょんぴょん」や「はしごの上けんけん」にもアンダーラインを引いて、「どんなところが難しいの？」や「どうしたらうまくできるの？」のように書き込みます。すると、自分の動きのどこが難しかっただろう、どうやったらうまくできるのだろうと自分の動きに向き合うようになります。次の項目で上げるポイントやコツにもつながっていくのですが、まずは「自分の取り組んでいる動きがどんな動きなのか」「難しいのはどんなところか」「どんなことに気をつけたらうまくできるのか」と、自分が取り組んでいる動きのイメージや文脈を豊かにさせていきたいのです。

🧢 運動のポイントやコツに向かう思考を導くコメント

　「めあて」「ふりかえり」の中に、自分がやりたいことやできたことを記述できている子どもたちには、やりたいことやできたことの中にある、運動のポイントやコツにつながる思考を誘うことも大切な視点のひとつだと考えています。

　例えば「今日は、逆上がりが２回連続でできたので、次はもっとたくさん連続できるようにしたいです」のような「めあて」には、アンダー

ラインを引いて「そのためには…」と一言添えます。「○○ができるようになりたい」という願いだけで終わらずに、「そのためには…」を考えさせることで具体的にどうすればできそうなのかまで考えさせたいのです。「ふりかえり」に「前よりもたくさん連続できました」のように書いていれば、やはりアンダーラインを引いて「どこに気をつけたの?」と一言を添えます。自分がうまくできた原因やその運動のコツやポイントを考えさせたいのです。学年が進んでいけば、もっと端的に「コツはありそうですか」や「うまくできたポイントは何だろう?」のようにコメントを書き込んでもいいかもしれません。

　少しずつ、運動のポイントやコツを考えられる子どもに育んでいきたいのですが、低学年の早い段階で運動のポイントやコツばかりに思考を向けることが適当と考えているわけではありません。子どもによって、まだまだ、自分の工夫や楽しみ方を膨らませることが適当な子どももいれば、運動のポイントやコツに思考が向き始める子どももいます。その子どもによって使い分けたり、誘ってみる程度にしたりしながらコメントを添えるようにし、徐々に、運動のポイントやコツへの思考も育むように取り組んでいます。

🌑 子どもの「めあて」「ふりかえり」の実際

　それでは、このような取り組みの中で、子どもたちがどのように「めあて」や「ふりかえり」を書いているのか紹介してみます。

> たとえば、へいきんだいは、バレエのようなかんじや、とびばこは、たいそうのせんしゅというかんじでいいと思います(Yさんめあて)。→私は、へいきんだいは、足がツタのようにの

びるイメージでした（Yさんふりかえり）。

　Yさんは、自分が挑戦している動きについて、Yさんならではの発想で具体的にイメージを高めていることがわかります。「めあて」に書いた、バレエや体操の選手のイメージで取り組んだ動きについて、「ふりかえり」には、平均台で片足を高く上げる動きが「ツタがのびるイメージ」に思えたと書いています。他の誰にもないYさんらしい視点でイメージを膨らませ、運動を楽しんでいることが読み取れます。

　　今日は、にんじゃのようにしたいです。早く鉄ぼうを回り、しのび足で平きん台をわたり、すばやく前てんをし、せのびをしてはしごをわたり、ろくぼくを早くのぼり、トンネルをれんぞくで前てんして、はやぶさのように走ってとびばこをとび、ちゃくちしてすぐにころがりたいです。　　（I君めあて）

　I君は、どれかひとつの動きだけのイメージではなく、運動ランド全体での動きのイメージを高めていることがわかります。まるで忍者になったがごとく、鉄棒・平均台・細マット・はしご・ろくぼく・トンネル・細マット・跳び箱・マットのコースでの動きをイメージしています。
　「めあて」や「ふりかえり」の記述を指導することで、YさんやI君のように、その子なりの発想でイメージを広げ、自分ならではの運動を楽しむことができるように育んでいくことが、とても大切だと考えています。特に、低学年の間は運動のポイントやコツへの思考の前に、十分にその子の運動へのイメージを広げていくことを大切にしたいと考えているのです。

　A君が挑戦しているのは、平均台
の上を「手をグーにして猫みたいに」
渡る動きです。つまり、猫のように
手をグーにして、四つ足になって平
均台を渡るのです。実際に、子ども
の動きを真似してみるとわかるので
すが、手を開いて指で平均台を握っ
て渡っていたのを、手をグーにして
渡ってみると、バランスのとり方が
格段に難しくなります。グーの手だ
と、左右の揺れを抑える踏ん張りが

効かないのです。そして、さらにバランスを難しくする動きとして、進
行方向に対して90度横を向いて膝だけで平均台を渡る動きにも挑戦し
ようとしています。A君の「ふりかえり」からは、より難しい動きを探
して挑戦することを楽しもうとする学びの姿が見えています。難しさを
しっかり捉えていることや自分なりの追究を深めようとしている良さを
認めながら、学びを支えていくことを大切にしています。

平きん台バランスで、もっともむねをはってバランスをできるよ
うにします。そのために、足に力を入れたいです。（Hさんめあて）
→足に力を入れるのもいいけれど、ひざをまげたりふんばるの
もいいとわかりました。次はもっと長くつづくようにしたいで
す。（Hさんふりかえり）

　Yさんは、素早く回転するコツとして運動のポイントへの考えを進め
ています。二人とも、マットでの前転を連続させる動きに挑戦している
のですが、それぞれに自分なりの動きの高め方を構想し、学びを進めて
いることも読み取れます。Hさんは、平均台でのバランスの動きについ
て、胸を張るようにしたいと目指す動きを見定め、そのためには足に力
を入れることが必要だと学習に臨みます。そして、足に力を入れる時に
は少し膝を曲げて踏ん張ると良いと考えを進めていることが読み取れま
す。どの子の学びも、既存の知識を教えられたものではなく、自ら問題
を捉え自分なりの文脈で考えを進めるものとなっています。一人ひとり
の「めあて」「ふりかえり」に寄り添いながら、その子の学びを支えて
いくことを大切にしているのです。

3 3年生の運動ランド

中学年の子どもたちは、より多様な運動ランドのコースを楽しもうとすると同時に、それぞれの道具に向かうその子なりの動きの追究を深めていこうとします。2年生の時につくったコースが面白く、そのコースでの動きづくりにこだわった年もあれば、3年生の段階からトンネル迷路や、はしご迷路のようなコースを楽しんだ年もあります。しかし、いずれにしてもそれぞれのコースを楽しみながら、その子なりの追究が深まっていくのが、中学年の子どもたちの特徴だと捉えています。

中学年の運動ランドの構想

2年生から加わった新しいアイテムは、中学年の学習ではさらに楽しい空間を演出できるものとして構想していました。次頁の写真のようにトンネルを組み合わせて迷路をつくったり、さらには、トンネルの上に板を貼って立体的にトンネルの上も通れるようにしたりするのです。2年生の子どもたちには、それぞれのコースにトンネルがあるだけで楽しめるだろうけれど、中学年になるとさらに楽しみ方が広がっていくだろうと予想していたのです。

この予想は若干外れていました。というのは、3年生の子どもたちは2年生の時のままのコースで学習を続けることを望んだからです。実際に迷路コースが盛り上がっていったのは3年生ではなく4年生になって

からでした。

　子どもたちと迷路コースについての構想を話し合い、実際に試し、さらに立体コースの構想を提案し、子どもたちと一緒にトンネルの改造にも取り組みました。トンネルに板を取り付ける作業は、教師の手で行いました。古くなって廃棄する前のマットを解体し板に取り付ける作業は、学級の有志の子どもたちと放課後に取り組みました。古いマットから取り出したクッション材を板の大きさに合わせて切り取って板に乗せ、その上からメートル幾らの量り売りで買ってきたカーペットで覆います。ずれないように粘着テープ

でしっかりと固定すれば、クッション性もある丈夫な板マットができ上がります。この板マットを利用することで、単なる平面の迷路ではなくトンネルの中と上を行き来できる立体迷路ができあがりました。子どもたちと一緒に、自分たちが存分に工夫を楽しめるコースを考え合い、自分たちならではの学習をつくり上げることで、愛着ある学習をつくり上げることを構想していたのです。

3年生の運動ランドのコース

　これまでのコースと大きく変わっているのは、同じ往復のコースを6つつくるのではなく、すべて違うコースにしているところです（次頁参照）。そして、往路を中央に集め復路を両端に持ってきています。往路はすべて跳び箱を使っており、跳び箱（3段の横・縦、4段の横・縦、5段の横・縦）の後のマットでの動きに続き、平均台かはしごを配置し、ろくぼくへと向かいます。

　左側の3つのコースは、ろくぼくでの動きの後、左側のはしご→平均台か、平均台マット→平均台、細マット→平均台のコースを選択し帰るコースです。右側の3つのコースは、細マット→空中はしご→下りはしごか、細マット→平均台マット、台の上の細マット→細マット→トンネルのコースを選択し帰るコースとなっています。また、往路の一番右のコースのろくぼくのところにウレタンマットを設置し、ろくぼくの上からの跳び降りに挑戦する場をつくっています。

　年によってタイミングは変わってくるのですが、3年生から4年生にかけてより多様なコースづくりをすることが多くなります。子どもたちの欲求が、より多様な場での動きづくりに向いていくからです。この時のコースは、往路に跳び箱・マットと平均台やはしごという定番の道具を並べて、繰り返し基本的な動きづくりに挑戦できるように設定しました。復路の方は、バランス中心のコースや種々のマットを並べたコースなど、特徴を持たせたコースをつくるようにしています。子どもたちは6つの往路のコースを全部回りつつ、復路では左右の3つのコースの中から、それぞれどれかを選んで挑戦できるように取り組みました。台の上に置いた空中はしご→下りのはしごコースや、台の上の細マット→細マット→トンネル（トンネルの中の細マットとトンネルの上のマットを選

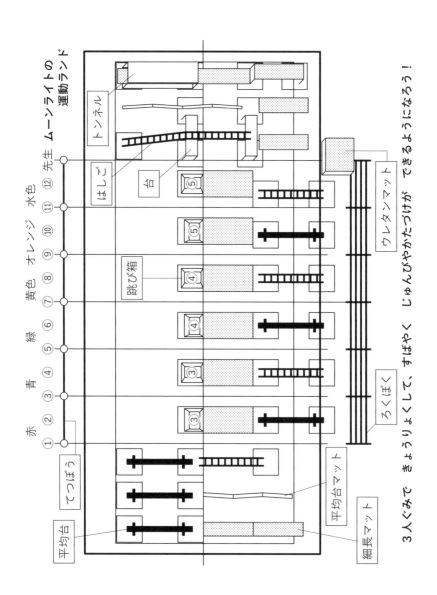

ムーンライトの
運動ランド

先生

⑫ 水色
⑪
⑩ オレンジ
⑨
⑧ 黄色
⑦
⑥ 緑
⑤
④ 青
③
② 赤
①

トンネル

はしご

台

跳び箱 ⑤ ⑤ ④ ④ ③ ③

ウレタンマット

ろくぼく

てつぼう

平均台マット

細長マット

平均台

3人ぐみで きょうりょくして、すばやく じゅんびやかたづけが できるようになろう！

んで通る）などは、これまでにない新しい要素のコースとして人気を集めていました。また、往路の一番右のコースに設置したろくぼくの上から飛び降りる場も、人気の場となっていました。安全に柔らかく着地する体の使い方を追究しつつ、高さや動き・ポーズなどに変化をつける個性的な動きも追究できることをねらった場の設定でした。低学年の頃に、いくつか要素を組み合わせた場の設定の中で、自分ならではのこだわりを見つけて動きづくりに取り組んでいた子どもたちは、中学年になってより多様な場で自分の動きを広げ試す学習に熱中していくと考えているのです。

　新しい学習の場と出会った子どもたちは、早速にそれぞれの場所での自分のこだわりを見つけ、学びを進めていきます。取り組みをはじめて2時間目の学習をした日の日記の記述を抜粋し、教師の書いたコメントも含めて紹介します。

やりたいことを見つけ始めた子ども

でんぐりがえりをしながら、（トンネルの上の棒に）足をあてずに入る技です。今日、それができました。連続逆上がり10回を目指してがんばりました。けれど6回ぐらいでできなくなりました。ぼくは、足をつくとき、「トントン」と2回足をついて、逆上がりをしています。（M君）

✐　いったい何に気をつけたら、それができたのですか。できたときに、「どうしたらできたのか」をふりかえるといいね。

トンネルのところで連続でんぐり返りをしようとしました。しかし、お尻が上に当たってしまってできませんでした。でも、丸くなってやってみると成功しました。（N君）

✎ 丸くなるために、具体的に体のどこをどのように使っていますか。手は？　足は？　頭は？　全体はどのように？

ぼくの新しい工夫は、けんけんでジグザグ平均台マットを渡る技です。落ちたらワニに食べられるイメージです。三年とうげ回り（トンネルコースで坂を下るようにころころ回る技）は、次はトンネルの中を回ります。（○君）

✎ けんけんでジグザグ…、どこにコツがあるんだろう。トンネルの中のでんぐり返りのコツは？

私ががんばったのは、平ねこ（平均台をねこになって渡る）です。後ろ向きはとってもこわくて、重心をどこにつければいいか、とちゅうでとまどってしまったけれど、がんばって落ちませんでした。でも、足をピンと伸ばせなかったので練習したいです。（M2さん）

✎ 前向きよりも後ろ向きが難しいのはどうしてだろう？　さらに、足を伸ばすと何が難しくなりますか？

　子どもたちの記述を見ていますと、それぞれの場に応じて、自分ができたことや今挑戦していることを嬉々として綴っていることがわかりま

す。多様な環境の中で、自分はどんなことができたのか、どんな挑戦を見つけたのかと、自分の学びを進めることを楽しんでいる様子が伝わってきます。このような子どもたちの高揚感は、できることなら新しい環境が物珍しい間だけでなく、長く持続できるものにしてやりたいと思っています。というのは、自分で次々と深い追究を見つけていける子どもはいいのですが、一通り珍しい挑戦を続けた結果できることやできないことが見えてしまうと、興味を薄れさせてしまう子どもが出てくることもあるからです。ですから、一人ひとりが自分の運動へのこだわりや愛着を持てるようになることを意識してコメントを書くようにしています。ここで取り上げたコメントを改めて読み返してみると、次の4つの視点でコメントしていることに気づきます。

何に気をつけてできたのかを問う
⟶ できるようになった動きを分析的に見つめる態度を培い、運動のメカニズムや学び方への思考を促す。

体の部位に着目させる
⟶ 動きを高めるために、体の部位に着目し分析的に動きを捉えることが有効であることを示唆する。

難しさの中身を考えさせる
⟶ 取り組んでいる動きの中にある追究すべき価値を見定め、より良い追究の加速を促す。

「できる」ための見通しやポイントを考えさせる
⟶ 「できる」を目指す見通しを意識させ、コツなどへの思考を促す。

教師の側が学ばせるべきポイントを整理して、子どもに与えるような学習ではありませんから、子ども自身に何を意識すれば学びを進められるかを示していくことがとても大切です。子どもが、自律的に学びを進められるための思考力を、明示的に育んでいくことを大切にしたいと考えているのです。

🧢 新しい場での学びどころをさがす子どもたち

新しくつくった、ろくぼくから跳び降りる場は、子どもたちの人気の場となりました。高いところから跳び降りるスリルを楽しめるだけでなく、降り方やポーズを様々に工夫できるからです。

> ろくぼくからマットに跳び降りる時、ぼくは大の字で跳んでみました。でも、迫力が少ないなと思っているので、もっと迫力が出るように工夫したいです。(U君)

✎ 内村選手の鉄棒の降り技みたいに、大の字になって、ピタッと着地を決められるといいですね。

> 新しい技を探しました。まず、ろくぼくからマットの技で、トリプルアクセルを考えました。それ以外は、鉄棒で魔女みたいにすることです。(○さん)

✎ トリプルアクセルは3回転半だけど、今は2回転半ができたのですね。魔女は、どんな技ですか？

場の設定を子どもたちと考え合っている際にも、「高いところから跳び降りる」ということについての外せない視点を確認し合ったつもりでした。つまり、何よりも「安全に跳び降りるための体の使い方」を重視するという視点です。しかし、子どもたちの追究は、怖さの克服や迫力のある跳び方、跳び降り方の工夫の方に向いていることが感じられます。ここでのコメントは、次のようなものと読み取れます。

子どもが気づいていない追究の価値を示す

⟶　「内村選手のように…」「猫のように…」「忍者のように…」「音もなく着地する」など、「安全に跳び降りるための体の使い方」に関する魅力的なイメージを提示して追究を誘う。

客観的に自分の動きを捉えさせる

⟶　自分は何回転できているのか？　と、客観的に自分の動きを見つめさせる。

🔵　跳び箱を跳ぶ（「できる」）ことに向かう子どもたち

　跳び箱を跳ぶことに挑戦している子どももたくさんいて、どうしたら跳べるようになるかの考えも進んできています。なかなか考えた通りに

いかず、困っている子も多かったようです。

> 3段は跳べましたが、4段5段は跳べません。全く勇気がなく
> てすぐこわくなってしまいます。（F君）

✎ やっぱり、馬跳びやタイヤとびをいっぱいやっておくことが大切か
　もしれませんね。

> 私は、縦の3段の跳び箱がなかなか跳べません。まず、こわい
> …、そして「ドン」というの（踏み切り）が弱いからだと思い
> ます。跳べている人を見ると「ドン」が強かったです。もう一
> 度やるとこわくはなくなりましたが、「ドン」が弱かったので、
> 半分まで行きました。（Tさん）

✎ こわさが少し消えて、お尻をつく場所が跳び箱の半分までいけるよ
　うになったのですね。

　3年生の子どもたちの中には、当然「跳び箱を跳ぶ」という追究に向
かう子どもが出てきます。日記の記述からは、まだうまく跳べない子ど
もたちが、跳べない原因や跳べるためには何が必要かを考え始めている
ことが読み取れます。
　教師のコメントを読み返してみると、この時にはしきりと「馬跳び」
や「タイヤ跳び」を誘っています。これは開脚跳びができない子どもた
ちの中に、単純に「手を奥につけば跳べる」と考える子が多かったから
だと記憶しています。子どもたちは、「手を奥につけば跳べる」と考え
ることが多いのですが、いくら跳び箱の奥に手をつくことができても、

恐怖感が拭えないと両腕を突っ張って、勢いを止めるような動きになってしまいがちです。「全く勇気がなくて、すぐ怖がってしまう」「跳べている人を見ると『ドン』が強かった」という気づきを生かす運動感覚を、体育学習以外の生活の中でも追究させたいと考えています。

　恐怖感を乗り越え、「ドン」と強く踏み切って跳びきる運動感覚を養うためには、跳び箱についた手の上に上体を乗り出し、両足の間から両手で後ろに跳び箱を押すような感覚を意識させことが大切です。馬跳びやタイヤ跳びなどの遊びは、跳び箱よりも「馬を後ろに押す」運動感覚を身につけやすいと考えていました。何より体育学習の時間だけでない子どもの生活の中に追究を広げていきたいと考えていたことが読み取れます。

　右の写真➡は、教室の中につくった運動スペースで、子どもたちが「跳び箱とっくん道場」と名付けた遊びに取り組んでいるところです。このような馬跳びやタイヤ跳びの遊びでの子どもたち同士のアドバイスに、「足の間から馬を後ろに押す感じ」のような運動感覚を伝え合うようにさせて、生活の中で運動感覚を磨くように取り組みを進めました。

　ここでは、あまり触れていなかった

「馬跳び」や「タイヤ跳び」を誘う以外のコメントも含めて、考えておきたいと思います。

子どもの生活の中に追究を広げる
─→ 「馬跳び」「タイヤ跳び」等を例示して、跳び箱を跳べることへ向けた追究を生活の中に広げる。

学びの進め方を意識させる
─→ 「跳べない原因を『勇気が足りない』と見抜いているのがすごいね。勇気を出すためにはどうしたらいいですか」のように、課題を見つめていることを褒め、追究の方法を具体的に考えることを誘う。

気づきや着眼の良さに気づかせる
─→ 「『ドン』という踏切の強さに目をつけたところがすごいね」のように、運動感覚を音で表現できることへの気づきや着眼の良さを価値づける。

自分の動きを客観的に見つめさせる
─→ 「自分ができていないところを、できている友だちと比べながら見つめているところが素晴らしい」のように、自分の動きを客観的に見つめる態度を価値づける。

コツやポイントなど、運動感覚を論理的に捉える思考を誘う
─→ 「自分なりのコツを見つけているところがすごいですね」のように、コツやポイントへの思考を価値づける。

🔵 「できる」以外の価値に向かう子どもたち

　やはり３年生の器械運動領域の学習の中では、「跳び箱が跳べる」という「できる」に向かう学びが、子どもたちにとっても重要ものとなっていることがわかりました。一方で、「できる」に向かう学びだけでない多様な価値に向かう学びも大切にしていきたいと考えます。

　平均台を、ねこみたいに腰を上げて渡ります。止まらずに行けたら、少し技のどこかをかえようと思っています。逆上がりの、足をついて連続で回るのが、最高で16回なので、もう少しやりたいです。（S君）

　🖊 えっ！　16回！！　そんなに続くの。うそでしょう？　昨日の自分の記録を超えるのですね。

　平均台で、船のような形になって、手で平均台をつかんで進み、波に乗っているみたいに少しゆれたり、すごくはげしく動いてみたりしました。でも、まだ物足りないような気がしたので、ずっと少しゆらゆらとゆれたらいいと思いました。（Iさん）

　🖊 自分のイメージを広げて、技をつくっていますね。名付けて「平均台舟わたり？」ですか？

　私のトンネルコースの技は「のろのろがえり」です。「のろのろ」はトンネルの上で寝っ転がって進むことです。「かえり」は、トンネルの上からトンネルの中を見てでんぐり返りみたいに（ト

ンネルのふちを持って、鉄棒の前回り降りのように）下りること
です。（Yさん）

🖉 それは、すごい技を見つけましたね。自分で工夫して技をつくりだ
すのですね。

ここでのコメントは、次のような観点からのものと整理できそうです。

動きを連続させるという価値観の追究を誘う
⟶ 逆上がり、前転（でんぐり返し）など、連続することで生まれる追
究の面白さに迫らせる。連続することで生まれる追究には、「できる」
という克服型でない記録を更新するような達成型の追究、そのため
に生まれる動きを洗練させたり体力を高めたりする追究、つなぎの
部分の動作を工夫する追究などが考えられる。

イメージやストーリーに合わせた動きの工夫という価値観の追究を誘う
⟶ 自分が工夫してつくった技の、コツを深く考えている子どもも増え
てきました。２年生の時に考えたコツが変わってきたり、友だちの
コツを取り入れて考えたりしている子どももいたようです。

4～ 4年生の運動ランド

　運動ランドの学習は、多種多様な場の設定の中で、子ども一人ひとりが自由に自分の学びを展開できる学習です。まさに、「令和の日本型学校教育」の構築を目指す中で重視されている、「個別最適な学び」を充実させる学習だと言えるのかもしれません。特に、中学年の子どもたちは、自由に自分の発想を生かして自分の学びを進める楽しさに没頭することができます。そして没頭している学びについて、日記やめあて・ふりかえりにその楽しさを記述していく中で、運動を通して思考を深める力がどんどん伸びていきます。4年生の子どもたちが、どのように「個別最適な学び」を進めていったのかを紹介したいと思います。

🧢 4年生の運動ランドのコース

　この年の4年生のコースも、全員がすべてのコースを回るようにしています。6つのコースの往路に高さや向きを変えた跳び箱を配置し、子どもたちがそれぞれに、自分に合わせた跳び箱への挑戦ができるようにしました。鉄棒→跳び箱→マット→ウレタンマット→ろくぼくの往路を通り、復路は両側に別れてトンネル迷路や平均台バランスコース・はしご迷路をたどります。トンネル迷路では、トンネルの中でも上でも通れるようにし、トンネルの継ぎ目でどちらを行くのか選べるようにしました。はしご迷路では、平均台へ昇り降りするはしごや平均台から平均台

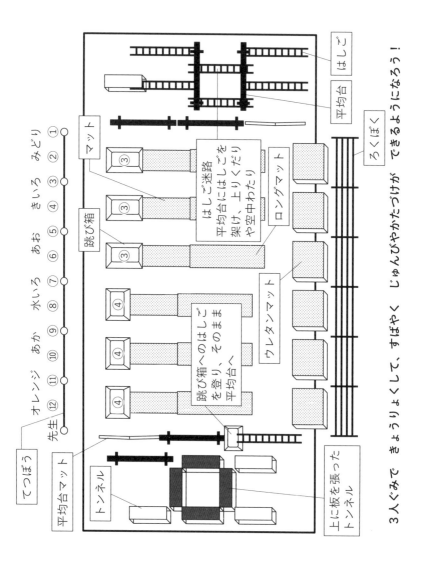

3人ぐみで きょうりょくして、すばやく じゅんびやかたづけが できるように なろう！

へ空中を渡るコースも用意して
います。

　中学年の子どもたちにとっ
て、一目で楽しそうと思える場
の設定を考え合うことは、とて
も大切です。子どもたちはただ
その場を楽しむだけでなく、そ
れぞれに自分ならではの挑戦や
工夫を重ねることに喜びを見つ
けていきます。そうした個別最
適な学びに寄り添う中で、体育
という学習に特有な見方・考え
方も育んでいくことを大切にし
たいと考えているのです。

運動ランドの学習に現れる個別最適な学び

　運動ランドの学習は、取り組むべき技や課題とするべき内容が決められ
ているわけではありません。ですから、それぞれの子どもたちが自由
に自分の学びを進めることができるのです。実際、どのように学びを進
めていくのか、個々の子どもに焦点をあてて紹介していきたいと思います。

　次の頁に示しているのは、K君の第2時から第9時（②～⑨）までの
めあてに書かれていた内容を抜粋したものです。前述のような場の設定
ですから、初めから自分自身の課題を見つけ、真っすぐにその解決に向
かっているわけではないことがわかります。跳び箱に関するめあてが第

２時・第６時・第８時・第９時に出てきていますから、この学習のほぼ始めから終わりまで、跳び箱の縦が跳べるようになることを目指して取り組んでいることも読み取れます。そして、その間に、マット運動の前転（美しく回る）、側転（足をきれいに伸ばす）、鉄棒の足かけ回り・だるま回り・ズボン回りにも取り組んでいます。美しい前転はどうすればできるかを考え、自分の側転は足が上がっていないことに気づき、逆上がりの着地がドスンと落ちていることにも気にしています。このように、いろいろな課題に取り組み乗り越えながら、真に追究しがいのある課題を探していくのです。第３時には、これまでの遊びの中でも経験していた足かけ回りに取り組んでいるのですが、実はこの頃、だるま回りにも挑戦を始めていることを日記に綴っていました。実際に、だるま回りのことがめあてに表れてくるのは第７時なのですが、Ｋ君は、休み時間や放課後、あるいは帰宅後もだるま回りの練習を続けていました。そして、この第７時の後すぐに、初めてだるま回りが一回できるようになります。さらに、単元のまとめとして行った第11時の発表会のときには、なんと連続11回のだるま回りを披露していました。

②跳び箱縦（お尻をついてしまう）
　マット（美しい前転）
③側転（足を前に上げたい）
　鉄棒（足かけ回り）
④足かけ回り（２回できた）
　側転（足をピンと伸ばす）
⑤逆上り（足をドスンと落とさない）
　⇒回転のスピードを落とす
⑥跳び箱（縦は勢い横は足を広げる）
　縦が跳べない⇒ジャンプ力
⑦だるま回り（ジャンプの勢いを工夫）
　ズボン回り（友だちを見て試した）
⑧跳び箱の縦
⑨縦３段が跳べた
　横（着地の音を消す）

このように、子どもの学びは最初から課題を決めて、一直線に系統的に進んでいくわけではありません。多様な場の設定の中で、自分が取り組んでいきたいことを探し、真に追究したいことを見極めながら学びを進めていきます。また、多様な場の中での学習ですから、同時並行にいくつもの課題を行きつ戻りつする中で、自分ならではの個別最適な学びを進めていくのです。

個別最適な学びが這い回っていかないために

　このように個別最適な学びを見てくると、心配なことも見えてきませんか。「そんなにいろいろな動きに、それぞれの子どもが勝手がってに取り組んでいて、本当にちゃんと力がついていくのだろうか」というような心配です。K君のめあての抜粋を見ていても、彼が一番に課題にしていた跳び箱の開脚跳び越しに絞り込んで学習した方が、もっと成果が上がったのではと見えてしまいます。実際には、日記の内容や普段の様子から、「だるま回り」に向かって大きな成果をあげていたことは捉えているのですが、やはり、個別最適な学びの中で着実に成果が上げられるように育んでいくことが大切です。個別最適な学びを進めるために、どのような力を育んでいけば良いのか、K君と同じ「だるま回り」に取り組んだYさんの学びの様子で考えてみます。

　Yさんは、第2時の学習があった日の日記に

　　今日、昼休みに先生とみんなで鉄棒をしました。（中略）私は
　　まだあまり、しっかりと体を振ることができません。これから
　　練習してしっかり振れるようになりたいです。

と書いていました。単元が始まってすぐに、だるま回りがうまくできない理由について、「しっかりと体を振ることができないから」と見当をつけていることが読み取れます。だるま回りが回り切れないのですから、体の振り方が足りないのではと見当をつけるのは当然のように思えますが、「上手くできない理由を考える」ということが、体育の学びを進める上では、まず大切なことです。そして、「体をうまく振れるようになればできるのではないか」と、「成功への見通しを持つ」ことも、やはり重要です。

　Ｙさんは、この日記の翌日には

　　夕方、公園で上着を鉄棒にかけて練習しました。難しいし、お腹がいたくなったりします。「無理だ。できない」と思いました。逆上がりの練習を基本にして、お腹の痛さに慣れてから、だるま回りの練習をしたいです。

と、日記を綴っていました。ここでは、追究を続ける中で出会った困難に対し、それを乗り越える方法を考え、試行錯誤して粘り強く取り組もうとする姿を読み取ることができます。体育の学びを進めるにあたっては、「直面する問題を的確に捉える」力や「問題を乗り越える工夫や試行錯誤」の力「粘り強く練習を継続する」力を育むことも大切になってきます。

　Ｙさんは、第６時のふりかえりには

　　今日１日で、頭と足を使ってしっかりと振れるようになりました。○君のズボン回りみたいにぐるぐる回りたい。

と書いていました。第2時の時には「しっかりと体を振ることができない」と書いていたのに、いつの間にか「頭と足を使ってしっかり振れるようになった」と、認識を深めていることが読み取れます。漠然と「体を振る」と見ていたのが、具体的に体の中の「頭と足を振る」と、「**具体的な体の部位に着目して運動を考えられる**」ようになってきているのです。この後、Yさんは、第8時の学習の中で「ズボン回り」でぐるぐる回れるようになります。その日のふりかえりには、だるま回りも「回れるという気持ちでやったら、初めてきれいに回れた」と綴っていました。「ズボン回り」とは、ズボンのウエストあたりの布を鉄棒と一緒に握り込んで回る技です。ズボンの布と鉄棒を一緒に握り込んでいるため、お腹と鉄棒が離れることがありません。そのため、鉄棒から落ちてしまうことなしに回転ができ、「頭と足」の振り方を洗練させることに集中することができます。そして洗練させた「頭と足」の振り方を応用して、だるま回りの習得につなげることができたのだと考えられます。

　一連のYさんの学びから見てとれるのは、子どもたちが勝手がってに取り組んでいるいろいろな動きの追究の中でも、体育科に特有な見方・考え方を生かした学び方ができていれば、効果的に学習が進められている点です。「**上手くできない理由を考える**」「**成功への見通しを持つ**」「**直面する問題を的確に捉える**」「**問題を乗り越える工夫や試行錯誤**」「**粘り強く練習を継続する**」「**具体的な体の部位に着目して運動を考えられる**」など、Yさんの学びの中に見て取れた事柄は、体育科や器械運動領域に特有な見方・考え方として、教師も子どもたち自身も、明確に意識していくことが大切です。子どもたちが個別最適な学びにじっくりと取り組む中で、こうした見方・考え方の良さを意識できる学びを進められれば、その力は違う技に取り組む際にも生かされ、子ども自身の力で効果的に学びを進められるようになると考えているのです。

🐦 子どもの学びのすじ道に寄り添う教師

運動ランドの学習では、子ども自らが自分の学びを進めていくことができる力を育んでいきたいと考えています。ですから、子どもの中から出てくる考え方に寄り添い、**その子の中にある論理を見出すことを大切**にしています。U君の場合で見てみましょう。

U君の第2時のふりかえりから第4時のめあて➡を見てください。
U君は、単元が始まって2時間目終了時点で、側転をする時に「足が半分しか上げられていない」ことを課題として捉え、「足と手に力をかければできる」かもしれないと、見通しを持っています。そのことを、第3時が始まる時点では「手と足に力をかけても、足をピンとできなかったら、今度は手と足を軽くしてやってみたい」と考えを進めていることも読み取れます。そして、第3時に取り組んだ結果を、「体を重くするとなかなかピンと上がりませんでした」と表現し、その解決法を考えておきたいと記しています。第4時のめあてには、「手は重くするけれ

側転は、足が半分までしか上げられなくて、足と手に力をかければできると思います。
　　　　（第2時ふりかえり）

側転で、手と足に力をかけてやってみたい。足をピンとできなかったら、今度は手と足を軽くしてやってみたい。
　　　　　　（第3時めあて）

やっぱり、体を重くするとなかなかピンと上がりませんでした。何か考えておきます‥。難しいなぁ。（第3時ふりかえり）

考えたことを言います。手は重くするけれど、手以外の所は軽くしたらできると思います。全力で助走をつけたらいいと思います。　（第4時めあて）

ど、手以外のところは軽くしたらできると思います」と記し、「全力で助走をつけたらいいと思います」と付け加えています。

　U君独特の表現ですよね。どのように思われましたか。私も、U君独特の表現に戸惑いながらも、その考えを理解しようと努めていたことを思い出します。それで、学級のみんなにもU君の考えを紹介して問いかけつつ、直接U君に確かめてみたのです。

　「足と手に力をかけるって、足と手に力を入れるというような意味かなあ」。すると、「まあ、そんな感じです」と答えるので、さらに「手と足に力を入れてやってみたけれどうまくいかなかったら、今度は手と足の力を抜いてみようと考えたわけや」。「それで、両方試してみたけれどうまくいかなかったから、どうしたらいいかわからなくなった」。「それでもあきらめないで、家で考え続けたんや」。「それで、手には力を入れるけれど、他の部分は力を抜いてみよう。それだけじゃなく、助走をつける…つまり、勢いをつけたらどうかと考えたわけや」と、学級の子どもたちと一緒に、U君の考えを一緒にたどっていったのです。

　独特の表現に戸惑っていた子どもたちも、U君の学びのすじ道が理解できてくると、その学びの様子に魅力を感じるようになっていったようです。この後、学級のいろいろな子どもたちが、「体のどの部分に力を入れるのか」「脱力すると勢いがつけやすいのか」ということに着目して考えを進めることが多くなっていきました。「力を入れる部分と、脱力して勢いをつける部分を意識する」という、**新しい見方・考え方を手に入れた結果、違う技に取り組んでいた子どもたち同士でも学び合いが進められるようになった**のです。

　私たち教師は、運動を教えるプロとして、うまくできるように教えてやろうとしがちです。もちろんそのことはとても大切なのですが、**一人ひとりの子どもがやろうとしていることに寄り添い、その子の中にある**

すじ道を、一緒に明確に浮かび上がらせることも大切にしていきたいと考えています。教師の目線とは違う子どもらしい考えの中にある論理を見つけ出せた時、やはり子どもたちの心は沸き立ち、力強く自らの学びを進めようと動き出すのだと考えているのです。

独自の着眼による追究

　運動ランドの学習での、個々の子どもたちの追究は本当に様々です。次に紹介するM君も、本当に面白い追究をしています。次ページに示したのは、M君の第7時・8時・9時のめあてとふりかえりです。

　M君は、他の子どもがあまりこだわらなかった、マット運動の前転にこだわり続けた子どもです。跳び箱を跳び終わってからのマット区間で、連続して前転をすることにこだわり始めるのですが、第7時には、自分は真っ直ぐに回れないから、途中で方向を修正するために止まってしまうことを課題として捉えます。そして、第7時の学びの中で、真っすぐ回るためには両手で曲がらないように体を支えることが必要なことを見つけます。それも、体を支えるのは、回転が始まる（頭が倒れる）前だけでいいことにも気づいていきます（回り始めてしまえば、手で支えることはさほど重要ではありませんから）。このことにより真っ直ぐ回ることができ、止まらずに続けて回れるようになったのですが、M君の前転の追究はこれだけでは止まりません。ただ連続しただけでは足らずに、手のひらをついて回る、肘をついて回る、手足を広げて回る、胡坐をかいて回る等など、いろいろな「回り方見つけ」に没頭していきます。そして、これら様々な回り方を美しく連続させることを目指しますから、そのためにどうすれば良いかも考え始めます。M君によれば、**はじめの回転が終わってから次の回転を始める間の、約1秒が重要だというこ**

とになります。**約1秒の間に、次の回転に合わせた手足の形に素早く切り替える**のだというのです。最終的にM君は、10種類の前転をいかにスムーズにつなぐのかを、みんなの前で発表しています。マット区間での10種類ですから、**途中で逆向きになったり回転の終わりに素早く後退したりと、ふんだんに工夫を取り入れた発表**です。

　子どもの豊かな発想に寄り添うことができれば、たかが前転でもこれほど楽しめるのだなと思います。そして夢中になって取り組んでいるからこそ、課題を乗り越えるための思考が緻密に働いていることが読み取れます。**教師から与えられた課題でなく、子ども自らが求めた課題だからこそ、自分の課題を明確に捉え、器械運動に特有な見方・考え方を生かして自分の運動を分析し、様々に工夫して個性的な動きを発表するという学習を実現していった**のだと捉えているのです。

前転を止まらないように行く。真っ直ぐ行かないと方向を変えないといけないから続けてできないと思う。　　（第7時めあて）

前転で手をつくのは、頭が倒れる前だけにすればやりやすい。まっすぐ回ると続けて回れてよかった。　　（第7時ふりかえり）

他にも回りやすい方法があるか探したい。手を使うか足をどう使うか考えたい。（第8時めあて）

手のひらをついて頭から回るのが普通。肘をつくと普通より回りにくい。手足を広げると難しい。　　　　　（8時ふりかえり）

色々なやり方で連続してきれいに回りたい。そのため、手足を素早く動かす。　（第9時めあて）

前転の間に1秒ぐらい時間がある。そこで恰好を変えたら良いとわかった。（第9時ふりかえり）

苦手意識を持つ子の学び

　運動ランドの学習なら、すべての子どもが運動好きになり、生き生き
と学習を進められるのかというと、必ずしもそうなると言い切ることは
できません。運動有能感が低く、体育学習への自信をなかなか持つこと
ができなかったIさんの様子で考えてみたいと思います。

　Iさんは、第2時のめあて・ふりかえりに、「私は跳び箱ができていな
いので、前の方に手をつくなどの工夫をして跳びたい→工夫して跳んだ
けど跳べませんでした」と書いているように、全体を通して「〇〇ができ
きませんでした」という記述が多い子どもです。第2時以降のめあて・
ふりかえりを見ていると、跳び箱の開脚跳び、トンネルの上での前転（真っ
直ぐに回るための手の使い方）、鉄棒の足掛け回り、立ちブリッジに取り
組んでいるのですが、やはり全体として「できない」ことに関する記述
が多いのです。そんなIさんは、第10時のあった日の日記に

> 　今日の朝、タイヤ跳びをしました。友だちに「勢いをつけた
> ら跳べるよ」と言われました。その通りにして何回かやってい
> たら「ぴょん」と跳べるようになりました。「こんなに運動神
> 経の悪い私が跳べるんだぁ」と思いました。

と綴っています。いろいろな動きに挑戦しながらも、続けて開脚跳びへ
のアプローチを続けていたのでしょう。うれしく感じたのは、「できない」
「こんなに運動神経の悪い私」と思っているIさんが、休み時間に友だ
ちと一緒にタイヤ跳びの練習をしてくれていたことです。前の時間のふ
りかえりには「跳べませんでした。手はしっかり着いたけれど足を開く
ことができませんでした。こわがらずにしたいです」と書いていました

から、きっとタイヤ跳びをしながら「足を開く」ことの練習もしてくれていたのでしょう。それでも、朝にタイヤが跳べた後の第10時に挑戦したことについて、「…けれど、跳べませんでした」と綴り、その理由として、助走距離が短く勢いがつけられていないことに言及しています。

　学級の中に、客観的に判断して運動能力の高くない児童はいます。そのような児童でも、多様な価値観での追究ができる運動ランドの学習では、10種類の前転を美しくつなごうとしたM君のように、生き生きと自分の学びを進めてくれることが多いです。その一方で、他の児童との比較から、自分に有能感を持てない子どもがやはりでてきます。難しいものです。ただ、Iさんの学びの中に、「<u>上手くできない理由を考える</u>」「<u>成功への見通しを持つ</u>」「<u>直面する問題を的確に捉える</u>」「<u>問題を乗り越える工夫や試行錯誤</u>」「<u>粘り強く練習を継続する</u>」「<u>具体的な体の部位に着目して運動を考えられる</u>」といった資質・能力がしっかりと育まれていることを感じるのです。すぐには、自分の学びに自信を持てないIさんにも、この後の学びを通じて少しずつ、自分の学びへの自信が持てるように働きかけたいと感じました。

5〜 5・6年生の運動ランド

　中学年の運動ランドでは、より楽しそうな様々なコースバリエーションを求めていた子どもたちですが、高学年になると、徐々にシンプルなコースを求めるようになります。

　5年生・6年生の運動ランドのコースです。4年生のときのコースに比べ、迷路的な要素が減っていることがわかると思います。空中はしごやトンネルといったアスレチック的な要素も減っています。高学年の子どもたちは、コースの面白さよりも自分が取り組みたい動きの追究や、自分ならではの動きの組み合わせの工夫などに目が向いていくからです。

🧢　5、6年生の運動ランドのコース

　全体の特徴としては、跳び箱やマットの最後にウレタンマットを配置するようになりました。跳び箱の台上前転からの跳ね跳びや、マットでの倒立ブリッジ、跳びこみ前転、ハンドスプリング等に挑戦する子どもが増えていったからです。また、倒立ブリッジやハンドスプリング系の動きを洗練させるために、壁倒立の練習を取り入れる子も増えていきました。そのため、ろくぼくの足元へマットを配置するようになりました。跳び箱は、単発で配置するよりも三連で配置することにより、技やつなぎ方の工夫に向かうようになった一方、修行の場として独立の跳び箱も残す配置となっています。前転・後転や側転、ブリッジ等の動きにバリ

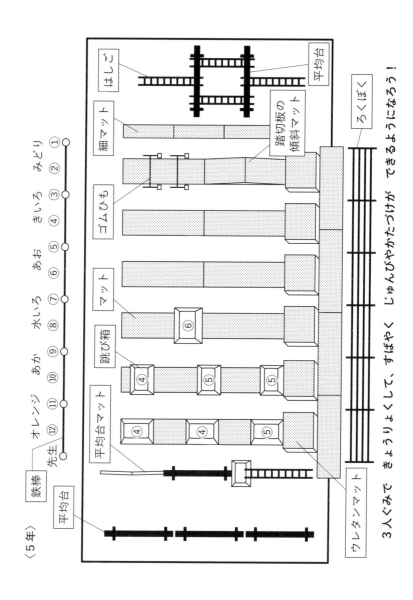

〈5年〉

みどり ① ② きいろ ③ ④ あお ⑤ ⑥ 水いろ ⑦ ⑧ あか ⑨ ⑩ オレンジ ⑪ ⑫ 先生

鉄棒

平均台

平均台マット

跳び箱

マット

ゴムひも

細マット

踏切板の傾斜マット

はしご

平均台

ウレタンマット

ろくぼく

３人ぐみで　きょうりょくして、すばやく　じゅんびやかたづけが　できるようになろう！

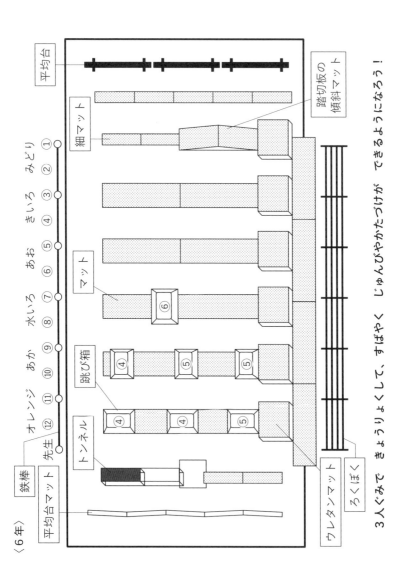

3人ぐみで きょうりょくして、すばやく じゅんびやかたづけが できるようになろう！

〈6年〉

平均台

踏切板の傾斜マット

細マット

みどり ① ②
きいろ ③ ④
あお ⑤ ⑥
水いろ ⑦ ⑧
あか ⑨ ⑩
オレンジ ⑪ ⑫
先生

マット ⑥

跳び箱 ④ ⑤ ⑤

④ ④ ⑤

トンネル

鉄棒

平均台マット

ウレタンマット

ろくぼく

エーションをつける場も設けました。上り下りの傾斜で難易度を変えた前転・後転、ゴム紐の下をくぐる前転・後転、ゴム紐を乗り越える跳びこみ前転・側転・倒立ブリッジ・立ちブリッジからの転回などです。側転の足をより高く上げる練習として、ゴム紐の高さを上げ、ゴム紐を足先にひっかけて回るというような工夫も出てきていました。

　例えばゴム紐は、5年生の時にはいろいろな工夫が出てきたものの、特にゴム紐がなくても同じ動きができる（ゴム紐がなくても倒立ブリッジの動きは高められる）ため、6年生のコースからは消えていきました。子どもたちの学びに合わせて、コース図には表れない細かな場の変更も、随時行われるようになりました。単元全体でみれば、それぞれの子どもの追究の方向が決まってくる中盤には、今できない技に集中して取り組むための場の設定が増えていきます。全部の場を通して練習するよりも、跳ね跳びやハンドスプリングの練習を集中的に行いたいというわけです。そして、単元の終末に向かう中で、それら追究してきた技をつないで、自分らしい個別最適な演技の完成へと向かうために、また配置を戻していくことが多いのです。高学年の運動ランドでは、**子どもたち全員が自分の追究ができる場を確保することに配慮しながらも、それぞれの子どもの要求に合わせて個別最適に場の設定を変容させることも大切になる**と考えているのです。

　　個別最適な学びの実際

　5年生から6年生へかけての子どもたちには、4年生までの運動ランドの学習で育んできた、例えば**「自分の課題を明確に捉え、器械運動に特有な見方・考え方を生かして自分の運動を分析し、様々に工夫して個別最適な動きをつくり出す」**というような力を生かし、子ども自らが学

びの構想を持つことができるように育んでいくことが大切だと考えています。ここでは、そのような子どもの様子がよく現れている6年生で考えていきたいと思います。

　まず、6年生の子どもたちが、それぞれにどのような個別最適な学びを繰り広げていこうとしたのかを紹介してみます。学級全員の細かい学びの様子を紹介することは難しいので、3人を見てみましょう。

　○さん　彼女は、5年生の学習では倒立ブリッジへの追究を続けていました。この動きに取り組むのは柔軟性の高い女子に多く、学級の女子のほとんどがこの技の追究を経験していました（低学年の頃から、ブリッジの動きの工夫などの追究を経験していると、比較的倒立ブリッジ等の習得に向かいやすくなるようです）。それらの子どもたちの中では、○さんは比較的体が硬い方の子どもでした。5年生時には、ブリッジ姿勢になった時に深いアーチがキープできずに潰れてしまうことに対して、粘り強い追究を続けていました。6年生ではこの課題を乗り越え、さらに倒立ブリッジから立ち上がる動きへと追究を進化させていきます。○さんと同じような追究を続けた子どもは多いのですが、立ちブリッジや前方転回（ハンドスプリング）など、関連するような動きへのチャレンジも試しながら、個別最適に自分の課題を見つめる学習を展開していました。○さんに特徴的だったのは、いかに弧の高いブリッジ姿勢をつくるのかや、いかに体重を両足の方へ移し立ち上がれる姿勢をつくるのかに苦心していたところでしょうか。固いマットか柔らかいマットのどちらが上手くできるのか、体のどの部位に力を入れると立ち上がりやすいのかなど、同じ

ような追究を続ける友だちと情報共有しながら、粘り強い追究を続けていました。

Mさん　〇さんと同じく、倒立ブリッジから立ち上がる動きへの挑戦を経験した子どもです。Mさんが〇さんと違うのは、低学年の頃からブリッジで歩き回るほど柔軟性が高かった点です。そのため、倒立ブリッジだけでなく立ちブリッジから、柔軟性を生かして後方に転回する動きも得意としていました。このタイプの子どもたちの中に、6年生の学習ではバク転へと挑戦を進める子が多く現れました。バク転の練習方法をご存知の先生に練習方法を聞いてきたり、インターネットの情報からマカコというバク転の練習法（ブレイクダンスの動き）を見つけ出して練習したりと、休み時間などにも真摯な追究を続けた子どもたちです。Mさんも、倒立ブリッジからの立ち上がりや、マカコの練習→友だちの補助でのバク転の練習など、いくつかの挑戦に行きつ戻りつしながら積極的に学びを進めていました。

Wさん　学級の女子の多くの子どもが倒立ブリッジ系やバク転系の動きに取り組んでいた中で、Wさんたち数人は鉄棒の「こうもり振り跳び」への追究へと向かっていきました。Wさんは5年生時には、まるで斜面を転がり続ける岩石のように、動きを止めずにすべてのコースを前転で転がり続ける動きに取り組んでいました。そして、それだけではない新たな追究の方向性として「こうもり振り跳び」への追究をも見据えるようになっていました。6年生の学習の中

では、どうすれば大きく体を振ることができるのかということを課題として、取り組みを続けていきます。また後で紹介しますが、その学びは運動ランドの学習でも個別最適な学びと協働的な学びが一体的に充実していることを良く表した取り組みになっていきました。

⬛ 子ども自らが学びの構想を持つ学習

　さて、子どもたちの追究の概要を見ていただいたことで、学級全体の子どもたちがどのように個別最適な学びへ向かっていったのかをイメージしていただくことができたと思います。ここからはさらに、子ども自らがどのような学びの構想を持って学習を進めたのかについて詳細を見ていきたいと思います。

　運動ランドの学習は、追究すべき技を指定して取り組ませるものではありません。**子ども自身が自分で追究すべき動きや工夫を見定め、自らの学びをデザインしていくことのできる力を育む学習です。そのような学びを進めるためには、自ら課題を選び取ることができる力や、体育学習ならではの見方・考え方を生かして自らの課題解決に向かう力、学級の友だちとのかかわりの中で自らの学びを俯瞰的に捉え、自らの学びを高めようとできる力が重要**になってきます。このような力を育むために、子どもたち自身に「学びの設計書」をつくらせながら取り組みを進めました。

　次のページ➡の設計書は、I2さんがつくったものです。ブリッジなどの柔軟性が高くバク転に挑んだ子どもの一人です。彼女は、分析的に自分の動きを捉えて記述することが得意な子どもではありませんでした。それでも、写真をうまく使うことで自分の学びを分析的に見つめ直して

・バクテン

飛ぶ時にこわくなってブレーキをかけてしまいました。なのでしり
もちをついてしまいました。

少しもってもらうだけで出来るようになりました。(⑩と⑪まで)
もう少しはねを強くしたら1人で出来るようになると思
います。
②をしないでバクテンは出来ない。(しゃがむことまむいっきり)
出来ている人を見て気づきました。

いることが読み取れます。I2さんは運動センスの高い子どもでしたから、直観的に動きを高めてきたのですが、この設計書をつくることで自分の学びをより深く見つめています。最初の課題を「こわくなってブレーキをかけてしまう」ことだと捉え、その克服へ向けて友だちの補助つきの練習を進めます。特に「②をしないとバク転はできない（しゃがむこと）」と書いているように、踏み切る前のしゃがみ込む動作が大切なことを、友だちの様子と比較して捉えていることもわかります。おそらくI2さんは、設計書としてまとめなくても、バク転という動きを習得したと思います。しかし、この設計書を記すことによって、自分の学びの全体像を俯瞰して見ることができたのではないでしょうか。

　次のページのIさんは、４年生の時に「こんなに運動神経が悪い私が…」と綴っていた子です。彼女の捉える課題が、開脚跳びができるようになることであることは変わっていません。でも、４年生の時には３段横の跳び箱での開脚跳びだったのが、５段縦の跳び箱での開脚跳びになっています。跳び箱を跳ぶことがこわいと感じていたIさんですが、写真からは縦の跳び箱でも跳び越えられるぐらい腰が高く上がってきた様子が見て取れます。また、縦の長い跳び箱をこえるために左右の手を前後させて距離を稼いでいるのですが、その結果片足だけが高く上がってしまうことを課題と捉えています。そこを直すには、両足での踏切を意識していきたい（めあてにはドンと強く踏み切ることにも言及している）と、自分の学びを構想していることも読み取れます。このIさんの設計書は、彼女らしいなと感じます。「その二つのことをすれば、少しは良くなると思う」と、運動を得意と思っていないことも表れていますが、何より彼女の最大の課題を真っすぐ見据えて、４年生の時よりも着実に力をつけてくれている学びの姿がうれしく感じられるのです。

ダイヤモンドリングの **ぼうけんランドⅡ　学びの設計書**

とび箱	前の時どうしていたかから、改善する所を考えます。

とびおわるときに、片方の足しかあがっていないの、そこを足を上げるようにしてとぶようしたらいいと思います。両足でふみきりをするともうすこしとびやすくなると思うので、そこを直してとぶ。その二つのことをすれば少しは、よくなると思うのでやってみたいです。

ここまで２人の子の学びの設計書を見てきました。比較的運動が得意で最も魅力的な技に積極的に取り組んでいる子どもと、みんなのようにはできなくても自分の学びを真っすぐに見つめて伸びていこうとする子どもです。どちらも他の誰のものでもない個別最適な学びを表していますし、それぞれに、培ってきた体育学習ならではの見方・考え方を生かして、自分の学びをつくり上げていると言えるのではないでしょうか。

協働的な学び、対話的な学び

　このように見てくると、運動ランドの学びは個別最適であるがゆえに、協働的あるいは対話的な学びではないようにも見えます。実際、日々の運動ランドの学習の中でも積極的に見合う時間や教え合う時間をとっていません。大半を自分のやりたいことの追究の時間に費やし、個の学びを深めることに重点をおいているのです。そんな風に取り組んでいるのは、一人ひとりの真摯な学びを追究することができれば、その学びは自ずと協働的であり対話的な学びになっていくと考えているからです。Ｉ２さんやＫ君やＩさんの学びの中でも、自分の学びを見定めたり追究しようとしたりする中で、必然的に協働的な学びや対話的な学びが進んでいるのですが、もう少し他の子どもたちの様子からも考えていこうと思います。

　右の設計書➡は、こうもり振り跳びに取り組んだＷさんのものです。こうもり振り跳びという動きに取り組んだのは、学級の中で３〜４人程度でした。倒立ブリッジ系やバク転系、頭跳ね跳び系、ハンドスプリング系等は、取り組んだ人数が多いだけでなく運動の要素としても共通点が多くあります。例えば、倒立ブリッジやハンドスプリングなどの倒立

○「コウモリぶら下がり(降り)」○

　鉄棒に足をかけて上半身を前後にゆすり、水平まで上がったら鉄棒にかけている足をはずし、飛び降りる技

降りるようになるまでのポイント

◎ 上半身を前後にゆするためには、最初鉄棒にぶら下がり、手を使って歩くようにする。

◎ ぶら下がって少しゆれるようになれば、背中を、前転の丸まり系の形と倒立のそり系の形に交互にしてより勢いをつける。

　で丸まり系からそり系に代わる時のタイミングに気を付ける。そのタイミングによって勢いがつくかどうか変わる。

◎ あとは、丸まり系とそり系を使うことによって少しずつ勢いがついてくるから水平近くまで上がるようにくり返す。

そり系　　　　　　　　　　丸まり系

⟵⟶

くり返す

姿勢を経由する動きでは、倒立になった時の目線が追究を進める際の重要なポイントとなっていきました。着手した両手のやや前方を見つめる（＝頭を反らすような姿勢）ことができるかできないかで、技の習熟が大きく左右されるのです。逆に台上前転や首跳ね跳びでは、へそを見るようにしながら背中を丸めることが重要なポイントとなってきます。これらの技に取り組む子どもたちの間では、頭を反らせるのか丸めるのかという視点が重視されていくようになりました。これらの子の中には、倒立前転に取り組む子どももいましたので、そうすると頭を反らせた状態から丸める状態への切り替えということもクローズアップされてきます。台上前転→首跳ね跳び→頭跳ね跳びでも、前転する丸まった状態から跳ね跳びの体を反らせる状態への切り換えの視点が重視されていきました。違った動きに取り組んでいても、頭を反らせるか丸めるかという共通の視点で学び合いが実現していったのです。

　その一方で、こうもり振り跳びに取り組むＷさんたちには、学び合うための接点が少ないように感じていました。ところが、頭を反らせるのか丸めるのかという、マット運動での学び合いが、Ｗさんたちの学びにも大きな影響を与えていきます。Ｗさんは、こうもり姿勢での振りを増幅させていくためには、反り系と丸まり系の動きの繰り返しだと分析し始めたのです。さらに、勢いを増すためにはその切り換えのタイミングを見定めることが重要だと、学びを進めます。「こうもり姿勢での振り幅をどうして大きくしていけば良いのだろう」と真摯な問いを見定め、友だちの学びの中の「反る・丸まる」についての学び合いに耳を傾け、自分の学びに生かせないかと考えを進めていく。その結果、**全く違うように思える動きでも、体の部位に着目して考えることで、同じように追究を進められることに気づいたのです**。まさに、主体的・対話的で深い学びを実現できたと言えるのではないでしょうか。

次ページのＭ２君は、頭跳ね跳びに取り組む中で、腰を伸ばした美しい着地へ向けての追究を重ねた子どもです。彼は、この「腰を伸ばした着地」を「ビックバン」で実現していきます。彼によれば「ビックバン」というのは、跳ねる時に「足をＶ字型」に開いて腕も万歳するように広げる跳び方だと言います。

正直、どうしてそれで腰が伸びるのかよくわかりません。しかし、確かにきれいに腰が伸びた着地を実現させていったのです。

　首跳ね跳び・頭跳ね跳びでの腰の伸びた着地は、この技に取り組むほとんどの子どもにとっ

この膝を「曲げず」に　　　Ｌ字に折り曲げた体を　　　一気に脚を振り出す

ての課題となります。そのため、私は、次頁下の右から２枚目の写真の時に膝を曲げないよう助言するようにしてきていました。

　つまり、１枚の板バネをＬ字に折り曲げた状態から、一気に脚全体を振り出すように跳ねるイメージを伝えていたのです。そのイメージを掴むための練習方法もいろいろと助言するようにしていました。ところが、その助言ではうまくいかなかった子どもが次々と、Ｍ２君の「ビックバン」で腰の伸びた美しい着地を実現させていったのです。悔しいことに、この技に一定期間以上取り組んだほとんどの子どもが、腰の伸びた美しい着地を実現していきます。Ｍ２君に完敗です。

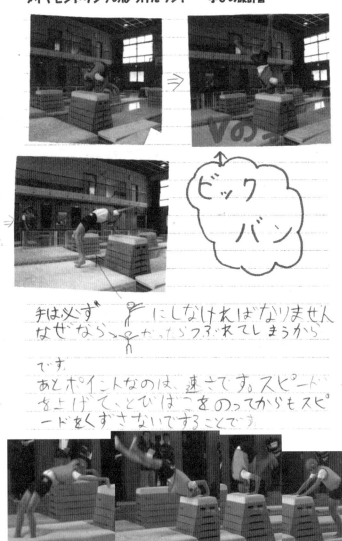

ダイヤモンドリングのぼうけんランド　　学びの設計書

ビック
バン

手は必ず 〔図〕 にしなければなりません
なぜなら 〔図〕 だったらつぶれてしまうから
です。
あとポイントなのは、速さです。スピード
を上げて、とびばこをのってからもスピ
ードをくずさないですることです。

結局、この学習の中では、ど
うして「ビックバン」で腰の伸
びた着地ができるのか理解でき
ないままに終わりました。そし
て、彼らが卒業した後、その記
録をまとめていてふと思いつき
ました。「まてよ、ビッグバン？

小さく凝縮しておいた力を、
一気に爆発させる

宇宙の始まり…？　高密度に凝縮されていたものが爆発的に膨張してい
くということ？」。2枚目の写真の時点では小さく凝縮しておいた力を、
3枚目の写真に向けて爆発的に広げていくイメージなのか…。そう考え
ると、2の写真で足や腕を折りたたんでいるイメージも、そこから足も
手も大きく広げるスタイルもよくわかります。何より、他の子どもたち
にそのイメージが理解され次々に広がっていったわけも納得です。後日、
同窓会で再開したＭ２君にそのイメージをたずねると、「先生、そんな
ことわかってなかったの？」と、逆に驚かれてしまいました。
　やはり、子どもの学びというのは凄いものです。**教師が高所から教え
導いてあげましょうという姿勢でなく、子どもに寄り添い共に学びをつ
くり上げていくという姿勢でいることが重要なのだと思います。**Ｍ２
君たちは、自分たちの目の前にある課題に向かって、存分に自分たちの
知恵を働かせました。同じような課題を共有していた子どもたちは、そ
れぞれの試行錯誤を共感的に追体験し合っていたに違いありません。だ
からこそ、「ビックバン」という言葉足らずのイメージも、いとも簡単
に共有されていったのだと思います。**一人ひとりの子の学びが充実して
いけば、必然的に協働的な学び、主体的・対話的で深い学びが沸き起こっ
ていきます。一人ひとりの子どもの中に学び合いたいことが何も醸成さ
れていない状態で学び合う時間だけを設定しても、本当の学び合いを実**

現していくことは難しいのではないでしょうか。彼らの学びをふりかえっていると、一人ひとりの子どもが真摯に自分の学びをつくり上げようとしていたこと、その真摯な学びを互いに交流させていく中で新たな学びを生み出していたことに気づきます。そのような中で、精一杯に自分の学びを進める喜びや、友だちの学びに触れ合い自分の学びが高まる喜びを感じられたのでしょう。**そのような学びであってこそ、劇的に変化する社会を生き抜く力も育まれていくのだと考えているのです。**

最後に、もうひとつ、たくましい子どもの学びを紹介させてください。

　上❶の写真はＮ君がＭ２君の「ビックバン」によって、腰が伸びた美しい頭跳ね跳びを完成させた後に取り組んだ技です。Ｎ君は、「頭跳ね跳び半回転ひねりに挑戦する」と言い出したのです。それを聞いた時に、内心では「体操選手でもないのに、そんなに簡単にひねり技なんて生み出せるわけがない」と思って聞き流していました。しかし、Ｎ君はいたって真面目にできると思っていたようです。決して、身体能力に優れているタイプでもなかったのですが、「ひねるタイミングは、跳ねる前が良さそうだ」「まだ1/4しかひねれていないから、もっと手首で回したい」「1/4よりもひねるには、もっとゆっくり跳ねた方がいいかもしれない」「ついに、半回転ひねりでも1/4ひねりでも立てるようになった。次は１回転ひねりに挑戦していきたい」と、誰も取り組んだことのない学びに挑戦していったのです。

　運動ランドの学習は、一人ひとりの子どもが自分のやりたいことに向けて個別最適に全力で取り組んでいく学習です。それぞれの子どもが自分の学びを見つけられるように、精一杯サポートします。より良い学びが継続できるように体育科ならではの見方・考え方も育んでいきます。そのような自分の学びを進められるようになると、周りの友だちの学びに触れ合い協働的に学びを進める力も育まれていきます。そうして、昨日までの自分より少し成長したことに喜びをかみしめるようになります。**体育の学びを通して、力強く生き抜く人としての力を育んでいくことができるのだと考えているのです。**

おわりに

　本書は、平成の終わりに25年間勤務してきた奈良女子大学附属小学校での担任としての役割を終えたことを機に、25年間の体育学習の取り組みをまとめてみたいという動機で執筆をはじめました。

令和元年を主幹教諭としてスタートし、その慣れない仕事の合間を縫って「主体的・対話的で深い学び」ということを念頭に執筆を進めました。しかし、思うように執筆ははかどらず、本書の刊行までには4年の歳月を費やしてしまいました。その間、職場での役職は副校長となり、教育の課題も「主体的・対話的で深い学び」から「個別最適な学びと協働的な学びの一体的充実」へとその軸足を移しました。そのため、意識しているテーマが途中から変わってしまった部分はあるのですが、かえって子どもの自律的な学習力を支えることに関して、より広い視野から考えることができたのではと思っています。つまり「主体的・対話的で深い学び」をどう実現するのかという視点の方にも、「個別最適な学び」をどのように捉えるのかという視点の方にも、さらには、「学びの個性化・指導の個別化」をどう考えればいいのかという視点の方にも、考えていただくことができる内容を書き記すことができたと思っているのです。

　本書に示したように、私が25年間もの長い期間、一貫して自律的な学習力を支えるための実践に取り組んでこられたのは、私が勤務する奈良女子大学附属小学校の存在が大きく関わっています。

　日本の教育は、子どもの学びを育もうとする教育と、教師が確かに教えるべきだとする教育の間を大きく揺れ動いてきました。古くは、児童中心主義・経験主義という子どもの学びを育む教育が重視され、その後「這い回る経験主義」などの批判から系統的に教師が教えるべきという

教育へと方向性が変わりました。平成の時代には「新しい学力観」や「生きる力」を重視する「ゆとり教育」の中で子どもの学びを育むことが推進された一方、その反動として「学力低下問題」がクローズアップされ確かな力を育むための教師の役割が重視されるようになりました。そしててまた、アクティブ・ラーニングや主体的・対話的で深い学びという、子どもの学習力が重視されるようになってきています。こうした状況を経て、私たち教師の中には、「子どもが主体的に学ぶ姿を実現することに向かうことを大切にしつつも、確かな学力を育むためにきちんと教えることが教師の役割なのだ」という使命感が根づいたように思っています。

　このような中で、私が勤務する奈良女子大学附属小学校は、一貫して子どもの自律的な学びを育むことに取り組み続けてきました。教師が系統的に教えるのでなく、子どもの自律的な学びを支えることで、這い回ることのない確かな学習力を育むことができることを示そうと、実践研究に取り組み続けてきたのです。ですから私自身も体育学習の実践を中心に、ぶれることなく、子どもの学びのすじ道に寄り添った学習を追い求め、這い回ることのない確かな力を育む教育実践に取り組んでくることができました。本書では、そのような子どものすじ道に寄り添った学習をつくりながらも、這い回ることなく確かな力を育む体育学習の在り方について、その具体を少しでもお伝えできればと願っています。

　最後に、私とともに体育学習をつくろうと励んでくれた子どもたち、その様子を写真撮影してくださった保護者の役員の皆様に、厚くお礼を申し上げます。また、この学校での私の取り組みの基礎を築いてくださった故土谷正規先生、濱田東起夫先生、岩井邦夫先生はじめ支えていただいた多くの先生方に感謝の意を表します。また、本書の刊行に際しましては、東洋館出版社の北山俊臣様に一角ならぬご尽力を賜りました。深く感謝申し上げます。

阪本一英（さかもと・かずひで）
1964年京都府生まれ
奈良女子大学附属小学校校副校長。滋賀大学教育学部卒業。滋賀県草津市立玉川小学校・老上小学校（７年間）を経て、平成７年より奈良女子大学附属小学校に勤務。平成31年３月に福井大学・奈良女子大学・岐阜聖徳大学連合教職開発研究科修了。平成31年４月より奈良女子大学附属小学校主幹教諭、令和３年４月より現職。

執筆一覧

『奈良の学習法・「総合的な学習」の提案』
　　奈良女子大学附属小学校学習研究会編　明治図書出版　1998年

『「学習力」を育てる秘訣　―学びの基礎基本―』
　　奈良女子大学附属小学校学習研究会編　明治図書出版　2003年

『新訂・「奈良の学習法」　―確かな学習力を育てるすじ道―』
　　奈良女子大学附属小学校学習研究会編　明治図書出版　2008年

『自律的に学ぶ子どもを育てる奈良の学習法
　―「話す力・書く力・つなぐ力」を育てる―』
　　奈良女子大学附属小学校学習研究会編　明治図書出版　2015年

『ポスト・コロナショックの授業づくり』
　　奈須正裕　編著　東洋館出版社　2020年
　　（第４章　「学習法」で自律した学習者に育てる）

『教育実践ライブラリ　個別最適で協働的な学びをどう実現するか』
　　ぎょうせい（編）　2022年
　　（特集　個の学びと協働の学びを往還する「奈良の学習法」）

奈良女の体育

2023（令和5）年2月8日　初版第1刷発行

著　者　阪本一英
発行者　錦織圭之介
発行所　株式会社　東洋館出版社
　　　　〒101-0054　東京都千代田区神田錦町2-9-1
　　　　コンフォール安田ビル2階
　　　　代表　　TEL：03-6778-4343　FAX：03-5281-8091
　　　　営業部　TEL：03-6778-7278　FAX：03-5281-8092
　　　　振替 00180-7-96823
　　　　URL　https://www.toyokan.co.jp
［装　丁］木下悠
［本文設計］木下悠
［印刷・製本］株式会社シナノ

ISBN978-4-491-05091-1　Printed in Japan